기간제 교사와 정교사가 나눈 1년의 편지

구지X철수

들어가며
우리의 첫

철수샘, 우리의 처음을 기억하나요?

7년 전 겨울, 낯선 중학교의 과학실에서 우리는 처음 만났습니다. 기간제 교사 면접을 위해 찾은 학교였죠. 저는 떨리는 목소리로 수업 시연을 마쳤고 면접관인 철수샘은 "수업이 재밌네요. 그런데…" 하고 말문을 열었습니다. 뒷말이 핵심일 수 있으나 거기까지만 기억이 나요. 수업이 재미있다는 말에 마음이 놓였고, 그 다음에 어떤 질문이 오갔는지는 기억나지 않아요. 그러니까 철수샘의 첫인상은 다정하게 긴장을 풀어주는 사람, 그래도 여전히 어려운 면접관이었어요. 그렇게 저의 기간제 교사 생활이 시작되었습니다. 근무지로는 두 번째 학교였어요.

저는 수업 당 17,000원을 받는 시간 강사로 학교 근무를 시작했습니다. 백 번 정도의 탈락을 경험한 후에 겨우 들어간 학교가 저의 첫 근무지였어요. 그해 저는 단기간에 이토록 많은 실패가 가능하다는 사실에 기함했고 탈락의 횟수를 세기 시작했습니다. 교원 임용 시험의 실패에 이은 기간제 교사 구직 실패. 학교에서 일하고 싶다는 간절함마저 저를 모른 척할 내쯤, 어렵게 구한 일자리었어요.

학생들을 만나고 가르치고 함께 배우는 학교는 너무 좋았어요. 그리고 두려웠어요. 누적된 탈락은 저의 여러 부분을 조금씩 주눅 들게 했습니다. '네가 원서를 백 번 써 봐라, 너를 원하는 학교는 없어.'라고 세상이 말하는 것 같았어요. 두려운 마음을 태평한 척 숨기고 있었지만, 그런 저의 속마음을 시간 강사로 근무하던 첫 학교의 교장 선생님은 이미 알고 계셨어요. 실패가 두려워 아무 것도 못하고 있던 제게, 교장 선생님은 인근 중학교에서 기간제 교사를 구하고 있으니 이력서를 내 보라고 말씀하셨습니다. 제가 시간 강사를 하는 동안 학생들과 만든 책자 두 권을 꼭 들고 면접을 보러 가라고요. 그렇게 그 학교에서 철수샘을 만났습니다.

철수샘과 같은 학교에서 근무하던 첫 해, 우리는 같은 국어 교과였지만 마주칠 일이 적었어요. 가르치는 학년도, 부서도, 상주하는 교무실도 달랐으니까요. 무엇보다 이제 막 학교에 들어간 저에게 연구부장 철수샘은 조금 어려운 존재였습니다. 그럴 수밖에 없었죠, 저의 면접관이었으니까요. 한 공간에서 반년 이상 함께 근무했지만, 우리는 서로를 잘 몰랐어요. 그 상태로 시간이 흘러가 버렸다면 어땠을까요? 만약 그랬다면 우리가 편지를 나누는 일도 없었겠죠? 그건 좀, 별로네요.

서먹하던 우리가 친밀해지는 데에는 술과 밤이 있었고, 함께 춤추던 시간이 있습니다. 그해 가을, 우연히 동료 선생님들과 함께 밥을 먹고 밤이 늦도록 술을 마신 날이 우리에게 있었지요. 술과 밤은 우리를 곧 있을 학교 축제 이야기로, 교사 공연 무대로 이끌었습니다. 그날 이후 팀을 이루어 춤 연습을 시작한 선생님들. 정말 대단했어요. 축제 무대에 올리는 교사 댄스공연 연습이 그토록 본격적일 줄은 짐작도 못 했거든요. 저는 조금 편하게 생각했던 것 같아요. 무대에 선생님이 올라가면 학생들이 좋아할 거야, 정도로만요. 그런데 춤을 가르쳐 줄 선생님을 섭외하고, 연습 시간을 정해 늦은 저녁까지 춤 동작을 반복하는 선생님들을 보며 저는 매번 놀라고 감동했어요. 두 아이의 엄마인 철수샘이 학생들에게 즐거움을 선사하기 위해 이렇게까지 열심히 연습한다고?

학생들은 이 무대를 보면서 교과서 내용보다 더 많은 것을 경험하고 가져가겠구나. 그때 제 마음의 장벽이 조금씩 깨지기 시작했습니다. 어려운 연구부장, 수업 전문가처럼 보이는 선배 교사, 어떤 일이든 능숙하게 처리하는 완숙한 사회인으로 보이던 철수샘도 계속 배우고 연습하고 노력하는 사람이라는 걸 알게 되었죠. 그때 함께 춤을 춘 선생님 모두를 보면서도 그렇게 느꼈고요. 그래서 좋았어요. 춤 부진아였던 저에게 그 시간은 정말 고역이었지만 선생님들이 보여주었던 그 태도는 여전히 감동적이고 아름답게 남아있습니다.

우리에게 시간이 쌓이는 동안에도 저는 여러 번 넘어졌고, 철수샘은 번번이 저를 일으켜줬어요. 무릎을 털어주고 맛있는 음식을 사주고 달려와 타로 카드를 봐주기도 했죠. 저는 여전히 미숙한데, 철수샘은 앞서 성큼성큼 나아가는 어른 같아요. 그런 철수샘이 우리 같이 편지를 써보자고 제안해줘서 기뻤습니다. 우리가 주고받은 편지가 우리를 어떤 방향으로 이끌지, 지금은 알 수 없습니다. 다만 기왕이면 우리의 이야기를 다른 사람들도 기꺼워하면 좋겠습니다.

철수샘과 1년 동안 편지를 나누면서, 제 마음의 밭이 조금 넓어진 듯 느껴지기도 합니다. 제 마음밭에서는 아무것도 자라지 못하는 건 아닐까, 나에게도 가능성이 있을까 하고 작아지던 순간이 많았거든요. 그런데 제 이야기에 언제나 귀 기울여주던 철수샘 덕에 용기가 많이 생겼습니다. 이 글을 쓰는 지금도, 철수샘과 수많은 처음을 경험할 수 있어 좋았고 좋아요. 앞으로도 우리 계속 이렇게 가까운 듯 먼 거리에서 편지도 마음도 주고받아요.

구지

차
례

들어가며
우리의 첫 ‖ 구지 ‖ 4

1부 새학기를 준비하는 마음

비자발적 고독을 지나는 겨울방학 ‖ 구지 ‖ 15
겨울방학에 하는 일이라면 ‖ 철수 ‖ 18

최선을 다해도 결과는 다를 수 있어서 ‖ 구지 ‖ 22
학교라는 이상한 공간에서 조금씩 성장하기 ‖ 철수 ‖ 26

나를 살리는 두 가지 ‖ 구지 ‖ 32
최애와 차애의 차이 ‖ 철수 ‖ 36

고양이와 책, 그리고 맥시멀리스트 ‖ 구지 ‖ 41
집 우 집 주 ‖ 철수 ‖ 45

신학기를 준비하는 마음 ‖ 구지 ‖ 49
홍삼과 함께 새학기 시작! ‖ 철수 ‖ 53

2부 설렘과 두려움 사이에서

3월의 학교는 바쁘지만 예쁨 ‖ 구지 ‖ 59
어찌 가는지 모르겠는 3월의 학교 ‖ 철수 ‖ 63

노동으로 빚은 오늘의 급식 ‖ 구지 ‖ 67
소리가 사라진 급식실 ‖ 철수 ‖ 71

보이는 게 전부가 아님에도 ‖ 구지 ‖ 75
그날의 옷차림 ‖ 철수 ‖ 79

시간과 책임이 필요한 반려 ‖ 구지 ‖ 84
향후 내 반려 동무 명단에 들어갈 너에게 ‖ 철수 ‖ 88

3부 수업의 한가운데

국어 문법을 배우는 시간 ‖ 구지 ‖ 99
봄에는 '시' 수업을 ‖ 철수 ‖ 102

중간고사가 남긴 두통 ‖ 구지 ‖ 106
국어는 주요 과목인데 중간고사를 안 본다니요 ‖ 철수 ‖ 112

평일의 바쁨을 보듬는 주말 ‖ 구지 ‖ 118
오늘의 주말 ‖ 철수 ‖ 123

용기를 주는 국어수업 ‖ 구지 ‖ 128
국어를 좋아하는 마음으로 가르치기 ‖ 철수 ‖ 133

끝이 보이지 않는 수행평가 채점 ‖ 구지 ‖ 138

수행평가의 늪 ‖ 철수 ‖ 142

고사 기간과 소화불량은 한 세트 ‖ 구지 ‖ 147
경력이 내게 준 것 ‖ 철수 ‖ 150

4부 좋은 사람, 좋은 동료, 좋은 선생님

더 나은 세상을 꿈꾸게 하는 제자들 ‖ 구지 ‖ 157
잊고 싶지 않아서 ‖ 철수 ‖ 165

늦잠에도 혼나지 않는 여름방학 ‖ 구지 ‖ 170
여름방학엔 아무 다짐도 하지 말기로 해 ‖ 철수 ‖ 174

개학이 주는 양가적 감정 ‖ 구지 ‖ 178
개학은 바쁨 더하기 바쁨 ‖ 철수 ‖ 182

좋은 동료가 되고 싶습니다 ‖ 구지 ‖ 186
나의 힘 나의 동료 ‖ 철수 ‖ 192

동아리, 잘 꾸릴 수 있을까요? ‖ 구지 ‖ 199
동아리는 힐링이지! ‖ 철수 ‖ 204

잘하려다 어색해지는 공개 수업 ‖ 구지 ‖ 209
공개 수업 총괄자의 자리 ‖ 철수 ‖ 214

5부 학교를 굴러가게 하는 것

자유로웠던 여행을 추억하며 (feat. 코로나) ‖ 구지 ‖ 221
낯선 여행보다 함께 하는 여행이 더 좋아 ‖ 철수 ‖ 228

제가 생각하는 좋은 사람 ‖ 구지 ‖ 234
두려움에 지지 않는 수업 ‖ 철수 ‖ 240

밥 먹는 일, 협의회 ‖ 구지 ‖ 246
협의회는 싫어도 맛있는 거 먹는 건 좋아 ‖ 철수 ‖ 251

여전히 어려운 보호자와의 대화 ‖ 구지 ‖ 256
학부모, 아니 보호자와 함께 ‖ 철수 ‖ 261

6부 빨파보노 무지개

12월이 주는 안정과 불안 ‖ 구지 ‖ 269
말하기를 배우기 ‖ 철수 ‖ 276

연말은 생활기록부와 함께 ‖ 구지 ‖ 281
업무도 자리도 재정비하는 시간 ‖ 철수 ‖ 287

계속 받고 싶은, 소중한 내 월급 ‖ 구지 ‖ 291
고정된 월급이 주는 안정감 ‖ 철수 ‖ 295

우리의 졸업을 응원하며 ‖ 구지 ‖ 300
새로 달리려면 멈춰야 하니까 ‖ 철수 ‖ 306

나오며
다시 우리의 '첫'을 생각하며 ‖ 철수 ‖ 312

1.
새학기를
준비하는
마음

구지's Letter
비자발적 고독을 지나는 겨울방학

친애하는 철수샘.

'친애하는'이라는 말을 꼭 서두에 쓰고 싶어져서 '철수샘께'라고 썼다가 다시 지웠습니다. '친애하는'은 '친밀한 애정을 담아'란 의미일까요? 사전을 찾아보고 싶은 마음이 불쑥 일지만 찾지 않기로 했습니다. 틀린 의미라도 좋을 것 같아서요. 친밀한 애정을 담아 이 글을 시작하려 합니다.

겨울방학이 이번 주말이면 끝이 납니다. 겨울방학은 여름방학과 달리 추워서 그럴까요? 웅크리고 있는 시간이 길어지는 기간 같아요. 의식적으로 많이 움직이려 노력하는데, 올해는 코로나 핑계로 집에 있는 시간이 길어지네요. 코로나가 아니라면 우리는 어떤 방학을 보내고 있을까요? 저는 어디든 사부작사부작 돌아다니고 있지 않았을까 싶네요. 저녁 9시 넘어서까지도! 요즘은 번화가도 9시면 편의점 이외에는 모두 문을 닫아, 거리가 휑하더라고요. 고요한 겨울밤을 보내는 이가 많은 날인 듯합니다.

따뜻한 방바닥에 담요를 깔고 앉아 고양이를 무릎에 앉혀 놓은 채 책을 읽고, 넷플릭스를 보고, 이런저런 글을 끄적여 보는 날이 반복됩니다. 단조롭게 느껴질 수도 있지만, 책과 영상의 제목이 바뀌고 끄적이는 글의 주제가 달라지니, 하루하루가 꽤나 다채롭습니다. 생각보다 재미있고 지루할 틈 없이 흘러가는 하루가 놀랍기도 해요. 이러한 일상은 평화롭고도 불안합니다. 무언가 뒤처지는 것 같은 기분. 이러고 있어도 괜찮을까요? 이렇게 시간을 보내도 괜찮은 걸까요? 일 년 동안 방전된 기운과 체력을 끌어 올리며 다음 해를 준비하는 시기라고 마음을 먹어도, 불안은 쉬이 사그라들지 않아요.

그건 아무래도 제가 기간제 교사이기 때문이겠죠. 어느 학교로 가게 될지, 학교에서 근무는 계속할 수 있을지 등의 질문이 꼬리를 물다 보면 속이 복잡해집니다. 누구를 탓하고 싶고 원망하고 싶은 마음도 자주 듭니다. 그러나 그 대상은 언제나 저에게서 마무리되어 쓴맛만 남네요. 오늘도 면접 하나를 보았고, 또 떨어졌습니다. 이제 면역이 된 건지 첫 기간제를 준비하던 해만큼 쓰리고 아프진 않습니다. 그러니까 아프지 않은 건 아닙니다. 하지만 처음보다는 금방 다시 기운을 차리고 다음 이력서를 쓰지요. 이 편지를 쓰기 전에도, 또 한 곳에 이력서를 제출했습니다.

구지's Letter
비자발적 고독을 지나는 겨울방학

친애하는 철수샘.

'친애하는'이라는 말을 꼭 서두에 쓰고 싶어져서 '철수샘께'라고 썼다가 다시 지웠습니다. '친애하는'은 '친밀한 애정을 담아'란 의미일까요? 사전을 찾아보고 싶은 마음이 불쑥 일지만 찾지 않기로 했습니다. 틀린 의미라도 좋을 것 같아서요. 친밀한 애정을 담아 이 글을 시작하려 합니다.

겨울방학이 이번 주말이면 끝이 납니다. 겨울방학은 여름방학과 달리 추워서 그럴까요? 웅크리고 있는 시간이 길어지는 기간 같아요. 의식적으로 많이 움직이려 노력하는데, 올해는 코로나 핑계로 집에 있는 시간이 길어지네요. 코로나가 아니라면 우리는 어떤 방학을 보내고 있을까요? 저는 어디든 사부작사부작 돌아다니고 있지 않았을까 싶네요. 저녁 9시 넘어서까지도! 요즘은 번화가도 9시면 편의점 이외에는 모두 문을 닫아, 거리가 휑하더라고요. 고요한 겨울밤을 보내는 이가 많은 날인 듯합니다.

 따뜻한 방바닥에 담요를 깔고 앉아 고양이를 무릎에 앉혀 놓은 채 책을 읽고, 넷플릭스를 보고, 이런저런 글을 끄적여 보는 날이 반복됩니다. 단조롭게 느껴질 수도 있지만, 책과 영상의 제목이 바뀌고 끄적이는 글의 주제가 달라지니, 하루하루가 꽤나 다채롭습니다. 생각보다 재미있고 지루할 틈 없이 흘러가는 하루가 놀랍기도 해요. 이러한 일상은 평화롭고도 불안합니다. 무언가 뒤처지는 것 같은 기분. 이러고 있어도 괜찮을까요? 이렇게 시간을 보내도 괜찮은 걸까요? 일 년 동안 방전된 기운과 체력을 끌어 올리며 다음 해를 준비하는 시기라고 마음을 먹어도, 불안은 쉬이 사그라들지 않아요.

 그건 아무래도 제가 기간제 교사이기 때문이겠죠. 어느 학교로 가게 될지, 학교에서 근무는 계속할 수 있을지 등의 질문이 꼬리를 물다 보면 속이 복잡해집니다. 누구를 탓하고 싶고 원망하고 싶은 마음도 자주 듭니다. 그러나 그 대상은 언제나 저에게서 마무리되어 쓴맛만 남네요. 오늘도 면접 하나를 보았고, 또 떨어졌습니다. 이제 면역이 된 건지 첫 기간제를 준비하던 해만큼 쓰리고 아프진 않습니다. 그러니까 아프지 않은 건 아닙니다. 하지만 처음보다는 금방 다시 기운을 차리고 다음 이력서를 쓰지요. 이 편지를 쓰기 전에도, 또 한 곳에 이력서를 제출했습니다.

예전에는 제가 '기간제' 교사라는 사실을 부정하고 싶었습니다. '교사'보다는 '기간제'라는 단어에 더 주목하게 되어 주눅이 들었어요. 시한부 교사처럼 들리기도 했고요. 이제 6년 치 기간제 교사가 된 지금, 전과는 다르게 세상을 대하고 싶어요. 당당해지고 싶어요. 물론 저를 계약한 학교에서의 계약 기간이 끝나가면 쭈그러드는 마음이 생기기도 하겠지만! 그 마음도 저의 일부라는 걸 받아들이려고 합니다.

철수샘, 저는 이 편지로 '기간제 교사'인 제 삶을 들여다보고 싶어요. 계약 만료 시기가 오면 번번이 몸과 마음이 바스라지면서도, 학교에서 교사로 일하고 싶어 또 실패에 도전하는 저를요. 겨울방학이 지나고, 새 학기에 학생들을 만나면 저는 이상하리만큼 활력을 얻거든요. 그때의 제가 좋아요. 낯선 곳에서 새로운 학생들을 만나고 다정한 말을 주고받고 서로를 다독이는 매일의 학교에 제가 속해 있다는 게 좋아요. 물론 이런 시기를 잘 견뎌야 만날 수 있겠지만요.

오늘은 여기서 마무리하려 합니다. 밤에 쓴 편지를 읽는 소감이 궁금하네요. 질척거리는 제 마음을 모두 친밀한 애정이라 생각해주세요.

2021년 1월 29일
질척이는 밤의 구지 드림

철수's Letter
겨울방학에 하는 일이라면

구지, 안녕?

이렇게 편지를 쓰니 새삼스럽네. 내가 먼저 너에게 우리 같이 글을 써보자 하고 던졌지만 사실 막막했거든. 그런데 네가 곧바로 응답해주고, 서로 편지를 나누는 수업 일기 형식이면 어떻겠냐고 구체적인 안을 짜줘서 기쁘고 고마웠어. 내 진심만큼 진심으로 보여주는 네 행동들이 좋아서. 그렇지만 너와 편지를 나누면서 나는 너무도 방황하고 좌절하겠지. 너는 꾸준히 소설을 써온 친구지만 나는 글이 안 써져서, 혹은 내 글이 너무 지루해서 참 슬플 거야. 그래도 나는 너랑 글을 꼭 한번 써보고 싶었어. 이렇게 시작을 하게 되어 기뻐.

겨울방학에 대해 서로 써보기로 했지. 난 방학하고 오늘 제일 한량 같이 보낸 것 같다. 넷플릭스로 '월간 집'이라는 드라마 시리즈를 정주행하기 시작했지. 학기 중에는 집에 오면 쓰러져 자는 일상이었던 거 같은데 방학이 되니 이런 시간이 오는구나. 사실 부장교사란 자리는 맘 편히 쉴 수 있는 방학이 짧긴 하지만 그래도 이런 시간이 조금이라도 있다는 것에 위안을 느낀다. 그리고 방학이면 그동안 바빠서 못 본 사람들을 만날 수 있다는 거. 어제는 6년 전 같은 학교에서 근무했던 너와 Y 언니를 오랜만에 만나 정말 즐거웠어.

그러고보니 우리가 알게 된 시간이 벌써 5년이 넘었네. 네 나이가 서른다섯, 나는 마흔셋이라는 사실을 또 새롭게 인지했어. 우리가 나이 차이가 그렇게 많이 났었나? 난 늘 너에게 뭔가 배우는 사람인데 네가 그렇게 어리다니. 그렇지만 부끄럽거나 그런 것은 아니고, 새삼 네가 큰 사람이구나 싶으면서 웃음이 났어. 집에 와서는 우리가 책 선물을 나누는 사이라는 것에 또 한참 기분이 좋았어. 그렇다고 선물 받은 책을 바로 읽어본 것은 아니고, 잠들기 전 맥주 한 캔과 함께 간단히 폰 게임을 하고 있었지. 그런데 '띠롱' 하고 너에게서 편지가 도착했어.

밤에 쓴 편지를 읽는 소감이라. 먼저 친애한다는 수식어에 살짝 심쿵했어. 나는 의식의 흐름대로 글을 쓰는 편인데, 네 편지는 참 정돈이 잘 되어 있어서 역시 글쓰는 친구라는 생각을 했고 어쩌면 긴 여정이 될지도 모르는 편지 여행의 시작을 잘 잡아줘서 고마워.

언제나 이맘때면 들 수밖에 없는 너의 불안한 감정을 내가 완벽하게 이해하지는 못하겠지. 그리고 다른 사람의 일상에 큰 관심이 없고 내 감정에도 무딘한 내가, 다만 가끔씩 너에게 어떤 말실수를 하지나 않았을지 돌아볼 뿐이야.

어쨌든 나는, 네가 나보다 더 교사를 오래 해야 한다는 생각에는 변함이 없어. 물론 다른 일을 해도 잘할 친구지만 너는 어쩐지 꼭 국어 선생님을 했으면 좋겠는 거지. 타고난 통찰력과 어딘가 시니컬한데 웃긴 그 유머가, 학생들한테 국어를 가르치는 선생님으로 딱이야. 물론 네가 정교사가 되려고 노력했지만 잘 안 됐던 것을 알기에, 불안정한 기간제 교사라는 자리에 있는 너에게, 오래오래 국어선생님이 되어달라는 내 바람은 너무 이기적이고 가혹할 수도 있단 걸 알아. 그래도, 그럼에도, 어떤 환경에서나 국어선생님 구지가 너의 중요한 본캐이기를 응원해. 근데 말이야, 너는 소설가가 꿈이기도 하지. 소설가가 되고 싶은 구지도 참으로 응원해. 하 참, 어쩌라는 것일까. 내가 너라도 당황스럽겠다. 이것도 되라 저것도 되라 하고 내 생각을 자꾸 너에게 주입하는 이기적인 나는, 앞으로 어떤 글을 너에게 남기게 될지 모르겠어.

너에게 내 정체성은 뭘까? 정교사? 부장교사? 경력 15년이 넘은 선배교사? 아니면 순수하게 그냥 동교과 동료교사? 그도 아니면 다이슨 드라이기를 사라고 영업할 수 있는 친한 언니? 하하.

나는 그냥 학교에서 겪는 교사 일상을 너와 나누고 싶어. 그러면서 또 너에게 배우고 그랬으면 좋겠다. 너와 나누는 이 편지가 올해 내가 살아가는데 활력을 주는, 재미있는 덕질이 되었으면 해. 내가 어쩌다 글을 쓰면 보여주고 싶은 나의 어린 친구, 내가 뭔가 꿈을 꾸면 같이 하자고 손 내밀고 싶은 나의 어린 스승 같은 너에게 존경을 담아 첫 편지를 보낸다. 주말 잘 보내.

2021년 1월 30일
앞으로의 우리가 기대되는 철수

덧. 쓰고 보니 겨울방학 이야기는 조금도 담기지 않은, 그냥 아무말 대잔치구나. 하아. 쓰다 보면 나아질까?

구지's Letter
최선을 다해도 결과는 다를 수 있어서

친애하는 철수샘.

요 며칠 동안의 저는 눌릴 대로 눌리다 결국엔 터져버린 호떡이었어요.

정교사 전보 발령이 있는 날이었고 제가 2020학년도에 근무한 학교에는 올해 미발령 자리가 없어 떠나야 한다는 소식을 들은 날이기도 했죠. 정교사들이 이동하는 학교가 발표되고, 서로 축하하고 걱정하는 메시지들이 가득한 가운데 친한 국어 선생님께서 조용히 제 자리에 오셨어요. "국어과는 다 발령이 났네."라는 말과 함께 제 등을 여러 번 도닥이다 안아주셨어요. 위로받아야 하는 상황에 놓여있다는 점이 저를 슬프게 했어요.

이론적으로 보면 서운할 게 없는 일입니다. 저는 계약이 이 달로 마무리가 되고, 제 계약이 끝난 자리에 정규직 교원이 돌아오는 거죠. 제 계약 기간 중에 갑자기 오는 것도 아니에요. 저는 정규직이 발령 나기 전까지 어중간한 기간, 그 1년 동안을 대체 근무하는 기간제 교원이었기에 기간이 만료되면 떠나는 건 당연한 일입니다. 제가 더 있고 싶다, 떠나고 싶지 않다, 부당하다 주장하면 모두가 곤란해집니다. 저를 아껴주던 선생님들이 더 그렇겠죠. 그러나 재계약 불발이 저의 업무 미흡함 때문이 아니라는 점이, 또 어떤 기간제 교사는 1년을 더 이 학교에서 보낼 수 있게 되었다는 사실이 저를 힘들게 합니다. 열심히 살아도 미래가 보장되지 않는 삶, 통제할 수도 예측할 수도 없는 상황에 매년 놓여야 한다는 점이 저를 무력하게 합니다. 그러나 이 복잡함을 표현할 수 있는 대상은 없어요. 정교사가 되지 못한 저 말고는, 탓할 대상이 없습니다. 역시 다 제 잘못 같기만 합니다. 그렇게 스스로를 구기고 구기는 시간이 반복됩니다.

모든 기간제 교사는 1년만 학교생활을 하고 떠나는 것이 불문율이 되는 세상을 상상해보기도 했어요. 그러면 매년 짐을 싸고 학교를 떠나는 게 힘들지 않은 일이 될까요? 늘 그 자리에 있는 정교사가 부럽고, 남게 된 기간제 교사가 부럽고, 매끄럽게 다음 학교로 연결된 기간제 교사도 부러웠어요. 저는 이력서를 스무 개쯤 발송하다 지쳐, 결국엔 친하게 지냈던 동료 기간제 교사에게 못난 마음을 드러내고 말았습니다. 교감 선생님의 소개로 면접도 없이 다른 학교에 가게 된 영어과 기간제 교사였어요. "난 지금 너에게 너무 시기와 질투가 나니까 나 다음 해 갈 곳 정해지기 전까지 말 걸지 마."라고 말해버린 저는 오늘 못난 호떡이었습니다. 팔 수도 없게 엉망으로 터져버린 호떡.

익숙한 곳을 떠나 새로이 몸담을 곳을 물색해야 하는, 숱하게 탈락의 고통을 겪어야 하는 2월의 시간을 건강하게 버티고 싶어요. 이미 건강하지 못한 말들을 스스로 생산해내긴 했지만요. 이 시기를 지나면서 늘 느끼는 감정인데도 익숙해지지를 않네요. 벌써 6년째인데 말이에요.

종업식과 생활기록부 마감을 끝으로 작년 학교 근무는 정말, 모두 끝났습니다. 어제 코로나 때문에 화상으로 종업식을 진행하는데, 부끄럼 많은 우리 반 남학생이 제게 하고 싶은 말이 있다고 하더라고요. 말해도 된다고 하자 그 학생이 침을 한번 꼴깍 삼키고 말했어요.

"선생님, 국어 정말 잘 가르치세요. 진짜 좋은 국어 선생님이세요. 3학년 때도 저희 선생님 해주세요."

학생에게 고맙다는 말과 함께 나도 너와 함께 한 국어 시간이 정말 행복했다고 말했어요. 건강하고 행복하게 3학년 생활을 잘하라는 당부와 함께요. 그렇게 저는, 아이들이 모두 빠져나간 화상회의 창을 바라보며 다시 한번 터진 호떡이 되었답니다. 저도 그 아이에게 "우리 3월에 만나자."라고 말하고 싶었어요.

철수샘, 3월에 만나주세요.

2021년 2월 4일

터져버린 호떡, 구지 드림

덧. 종업식 후, 면접 오라는 학교가 있어 면접을 다녀왔습니다. 면접관이 제게 물어보더라고요. "2개 학년, 24시간 수업입니다. 국어과가 다 부장이라 시수가 많은 건 어쩔 수 없어요. 담임도 해야 하고요. 가능한가요?" 불가능한 일인데도 저는 가능하다고 답하고 말았습니다. 이력서를 쓴 수많은 학교 중에서 면접을 볼 기회를 준 곳이 이 학교뿐이었으니까요. 철수샘, 저는 올해 어디로 가게 될까요?

철수's Letter
학교라는 이상한 공간에서 조금씩 성장하기

구지, 안녕?

좀 전에 네가 방송하는 팟캐스트 '불편한 독서모임' 중 한 편을 골라 들으며 밀린 설거지를 한 판 했어. 설거지를 산뜻하게 끝내고 식탁에 앉아 네 편지를 읽었지. 친한 이와 편지를 나눈다는 것은 평소에 살피지 않았던 그의 내면을 허락받고 조심스레 들여다보는 일과도 같더구나. 며칠 전에 네가 면접을 본 학교 계약 조건이 너무 안 좋아서 다시 고려했으면 좋겠다고 말한 나는 조금 속상해지기 시작했다. 그래, 그걸 네가 어떻게 쉽게 고려할 수가 있겠니.

그에 비하면 나는 네 말대로 3월을 걱정하지 않아도 되는 위치에 있다는 것에 새삼 감사하다가도, 지난 학기말 신학년 업무를 조정하고 결정하는 업무 분장 싸움에 피가 말랐던 걸 생각하면 참 허탈하기도 하고 그랬어. 왜 이렇게 다들 자기가 제일 힘들다고만 말하는 걸까? 교사는 매년 새롭게 정하는 업무에 따라 그 해의 일이 달라지고, 노동 강도 또한 달라질 수밖에 없지. 그러니까 힘든 업무를 안 맡아야 한 해가 편하고, 그래서 남들 아랑곳하지 않고 목소리를 내는 걸 거야.

생각해보면 나도 그랬어. 힘들다고 이야기하지 않으면 호구가 될지도 모른다는 생각에 업무 분장 때 목소리를 낸 적이 있었어. 그때를 생각하면 지금 싸우는 선생님들을 탐탁지 않게 바라보는 내가 웃기지. 우리 모두 더 일하지 않으려고 발버둥치는 똑같은 사람인데. 그렇지만 학교가 돌아가는 모습을 보면 이래 저래 허탈해.

학교라는 공간은 여러모로 특이하다. 매년 담당 업무가 달라진다는 사실이 그렇지. 특히 학교에서 부장은 승진의 개념이 아니라는 것, 나이에 관계 없이 떠맡기도 한다는 것, 한 번 부장이라고 영원한 부장은 아니라는 것이 일반 회사와 다른 점이야. 매년 자리의 변동이 자유로운 편이라 그만큼 교사들 사이에 위계가 없어. 그 사실이 평등하게 여겨지다가도, 가끔 불합리하다는 생각도 들어.

예를 들어 이런 일이 생기잖아. 일을 제대로 못해서 민폐를 끼치는 사람이 어떤 불이익을 받기보다는 오히려 편한 보직을 받게 되는 일. 그래서 학교를 편하게 다니며 최소한의 일만 하고. 나는 그런 게 불편한데, 또 학교 동료들은 이해를 잘 해주는 것 같아. 이것도 학교의 특이한 점이지. 그렇지만 나는 2020년에 제대로 일을 못하는 동료들과 지내면서 싫은 감정을 많이 느꼈고 그만큼 에너지를 쓰느라 너무 괴로웠어.

반면에 기간제 선생님들에게는 그런 느낌을 받은 적이 거의 없어. 기간제 선생님이라고 통칭하는 게 조심스럽고, 또 왠지 구분하는 것 같아서 불편하기도 하지만 이렇게밖에 얘기를 못하는 걸 이해해줘. 아무튼 내가 본 기간제 선생님들은 대체로 업무와 수업을 훌륭히 해내면서도 동료들과 갈등이 적지. 그렇지만 휴직했던 정교사가 복직을 하면 언제든지 그 자리를 떠나야 하는 존재이고. 하아, 일을 안 하는 사람은 남고, 잘 하는 사람은 떠나야 하는 곳. 정말이지 학교는 이상한 곳이야.

작년에는 부장을 이 학교에서 처음 맡으면서 새롭게 느낀 점들이 많았어. 몇 년 전 다른 학교에서 멋모르고 처음 부장을 할 때는 잘 몰랐는데, 한번 해봐서 그런지 눈에 조금씩 보이는 게 생기더라. 우선 학교 내에도 정치라는 것이 존재하고, 그 정치를 잘해야 한다는 것을 배웠어. 정치라는 게 다른 게 아니고 관리자와 교사들 사이, 그리고 부장들 사이, 부장 교사와 일반 교사들 사이에서 내 위치를 잘 알고 행동하는 것 같아. 그러면서 상대에게 내줄 건 내주고 받을 건 받아야 하지. 내키지 않는 관계에 있는 사람과도 웃어가며 속으로는 계산을 해야한다는 게 약간 서글프긴 하지만 학교가 돌아가기 위해서는 꼭 해야만 하는 게 정치인 것 같아.

내가 맡고 있는 부서의 모든 업무 파악을 잘 하고 있어야 한다는 부담 외에도 부원들과의 관계나 부원에게 업무를 지시할 때 여러 고려할 점들이 많다는 것 또한 제대로 알았지. 작년 우리 부서에는 나보다 나이가 더 많고 경력이 꽤 되는 선생님, 학교 근무가 처음인 신규 선생님, 실무사 선생님 그리고 나 이렇게 네 명이 있었어. 나는 나보다 어른인 선생님을 좀 어려워했고, 신규 선생님을 편하게 생각했는데 그게 나중에 업보로 돌아왔지. 어른 선생님은 맡은 업무에 대해 본인이 알던 기존 방식대로 진행하셨는데 그게 내가 생각한 방식과는 맞지 않아 오히려 내가 새로 일을 하게 됐고, 신규 선생님은 신규로서는 감당하지 못할 양의 업무를 내게 말도 못 하고 꾸역꾸역 하다가 몸에 탈이 나버린 거야. 그 일을 계기로 경력이 많은 교사에게도 업무에 대해 자세히 설명하고 정확한 지침을 주어야 한다는 것, 신규교사의 열정에 너무 기대면 안 된다는 사실을 몸으로 배웠지.

그리고 작년엔 학교 교사들과 처음으로 잦은 갈등을 겪었어. 그동안 나는 나름대로 친절하게 학교생활을 해와서 교사들과 갈등을 겪을 거라 생각도 못했는데, 부장교사가 되면서 내가 살아온 방식이 통째로 흔들리게 된 거지. 자기계발 책을 정말 많이 산 한 해였어. 전체 회의를 진행하는데 왜 학교에 대한 불만을 진행자인 나에게 쏟아내는 것인지 이해도 안 되고 억울함도 생겼지. 매일매일이 갈등이라 무얼 진행하기가 벅찼어. 코로나로 인해 업무가 많아서 힘들었던 것은 미뤄두더라도, 인간관계에 있어서 스트레스를 많이 받았던 한 해였고, 내가 관계를 맺어온 방식이 모두에게 맞는 것은 아니라는 점을 알게 된, 스스로 아주 아주 아주 겸손해졌던 한 해이기도 해.

분명한 건 그 속에서 다행히 내가 비뚤어지지 않고, 조금은 긍정적으로 성장했다는 점이야. 시간이 지날수록 부장이란 자리의 무게와 이 자리가 갖는 정치적 특성을 받아들이게 되었다고나 할까. 선생님들의 불만은 '나'라는 사람이 아니라 '학교'를 향한 표현이라는 걸 이해하게 된 후로는 갈등 상황이 그렇게 혼란스럽지 않아졌어. 또 업무적으로는 해야 할 일과 안 해야 할 일들을 파악하며 조금 노련해진 것도 같고, 싫어하는 사람도 있었지만 오히려 아끼는 동료도 생겼지. 내게는 내적, 외적으로 많은 변화를 겪은 한 해였어. 배운 게 참 많았고 그만큼 더 단단해졌어. 이상한 일들이 마구 벌어지는 학교라는 공간에서 다행히 조금씩 성장했어.

부장교사로서 느끼는 학교 생활의 모든 것이 네가 겪는 것과는 많이 다르겠지. 네게는 사치스러운 고민이라고 생각될 수도 있겠고. 그렇지만 나는 편하게 쓸래. 내가 아는 구지는 이런 걸 털어놓아도 나를 좋은 동료로 생각해 줄, 진짜 괜찮은 동료니까. 그리고 언니의 부족함은 글이 길어질수록 더 드러날 것이야. 하하하. 어쩌니, 글을 줄이지를 못하겠네.

3월에 만날 수 있을까? 시간을 쥐어짜 보자, 우리.

2021년 2월 6일
작년보다 조금은 성장한 선배 철수

구지's Letter
나를 살리는 두 가지

철수샘!

사람은 기분의 동물인가 봅니다. 올해 근무할 학교가 정해졌습니다. 평화가 찾아왔어요. 고로 오늘의 저는 아주 너그럽답니다.

대체 어느 정도의 경력이 쌓여야만 면접에 나를 불러주는 걸까, 그 정도의 경력을 쌓을 시간이 내게 주어지기는 할까, 싶던 순간이 매년 있었습니다. 해마다 오십여 학교에 이력서를 제출하던 2월이었는데, 올해는 스무 곳을 넘기지 않고 근무할 학교가 정해졌어요. (저에게는 몹시 기쁜 일입니다!) 무엇보다 1차 합격률이 많이 높아졌습니다. 승산 없는 만년 후보 선수에서 벗어나 주전으로 뛰어도 부족함이 없다, 인정받은 기분입니다.

주어진 시간 동안 지도안을 짜고, 그에 맞는 수업 시연을 한 후에 업무 관련 면접을 봤습니다. 총 다섯 곳을 다녀왔네요. 결혼은 했냐, 왜 대학을 오래 다녔냐, 임용고시에 집중할 때를 어쩌다 놓쳤느냐? 등의 질문을 받았습니다. 배려를 잃은 질문에도 끝까지 웃으며 답변했어요. 모든 순서가 끝나고 낯선 학교의 교문을 빠져나오면, 제 기분은 끝 간 데 없이 가라앉습니다. '떨어지면 연락이 가지 않는 것 정도는 알고 있죠?'라며 웃는 면접관 앞에서 기분을 숨기기 위해, 내일의 마음을 끌어 써버렸기 때문일 겁니다. 그래도 '국어 교사로 이것만큼은 선생님이 제일 잘한다고 인정받을 수 있는 영역은 무엇인가요?'라는 질문을 한 학교에서 올해 근무를 하게 된 것이 만족스럽습니다.

오늘은 학교에서의 최애(가장 좋아하는 것)와 차애(그 다음으로 좋아하는 것)에 대해 이야기해 보려 합니다. 저의 최애와 차애는 우열을 가리기 힘들 정도로 무게가 비등비등합니다. 교사가 되고 싶었던 이유, 교사를 계속하고 싶은 이유를 생각하면 순위가 엎치락뒤치락 바뀌기도 했거든요. 그러나 최와 차의 순위는 바뀔지언정 내용이 바뀌진 않습니다.

저의 최애는 학생들이 저를 부르는 순간이고 차애는 매달 들어오는 급여입니다. 최애와 차애는 아주 미약한 차이로 순위가 갈렸습니다. 어느 날에는 차애 덕에 힘을 얻고 어떤 날은 최애 덕에 힘을 받으니 둘은 상호 보완적 관계라 보아도 무방합니다.

저는 학생들이 저를 '선생님'하고 부르는 순간을 가장 좋아합니다. 이렇게까지 좋아할 일인가, 궁금해질 정도로요. 눈곱만 겨우 떼고 뒹구는 일요일의 침대 위에서도, 학생들을 생각하면 책을 꺼내 읽어야 할 것 같아요. 이슈에 뒤처지지 않도록 뉴스와 검색어를 찾아보게 됩니다. 학교란 공간에서 학생과 교사로 만나 서로에게 의미 있는 존재가 될 수 있는 시간이 주어지는 게 좋아요. 서로의 의미를 발견하고, 각기 다른 모양으로 관계를 빚는 일도 즐거워요. 물론 출발점을 매년 새롭게 찾아야 한다는 점은 버겁습니다. 하지만 이를 기꺼이 견뎌낼 수 있게 하는 힘은, 학생들이 저를 믿고 의지하며 함께 공부하다 주고받는 좋은 기운들 덕에 생겨납니다.

아이들이 저를 '선생님'이라고 부를 때, 저는 좋은 사람이 되고 싶어져요. 어제보다 오늘이, 오늘보다 내일이 더 좋아지고 싶어집니다. 이를 지속 가능하게 하는 동력은 아이들이 '선생님'하고 저를 부르는 순간들에서 와요.

차애는 급여입니다. 좋아하는 일을 하면서 돈을 벌 수 있다는 점이 좋아요. 그렇지만 좋아하는 일에도 스트레스를 받고, 믿었던 학생에게 실망하는 순간이나 학부모의 민원에 속 답답한 날도 찾아옵니다. 왜 없겠어요. 그러나 급여일에 통장으로 입금된 작지만 소중한 급여를 보고 있으면 다시 마음을 다잡고 앞으로 나아갈 힘이 생겨요.

제 삶의 영역을 잃어버리지 않고 제가 원하는 방식으로 꾸려나갈 수 있게 하는 급여는, 숫자로 보는 것보다 더 큰 힘을 가졌습니다. 어른의 삶을 살아가는 주체적 존재로의 태도를 갖게 해요. 좋아하는 사람들에게 밥 한 끼, 커피 한 잔 정도는 기분 좋게 살 수 있는 여유를 만들어 주며, 제 삶의 공간을 미약하게나마 가꾸는 즐거움도 모두 급여로 가능한 활동들이죠. 학교 일과 멀어지고픈 순간에도, 이 마음을 치유하고 현장으로 돌아올 수 있게 돕는 급여가 저의 차애입니다.

학교 근무는 그 외에도 좋은 점이 많아요. (오늘 매우 상태 좋음 주의) 어느 직장에서 이토록 많은 감정을 주고받을 수 있겠어요. 아직 다듬어지지 않은 생생한 날것의 감정이 오가는 한가운데서 정신을 못 차리는 순간도 분명 있지만, 그 현장에 함께 호흡하며 성장하고 있다는 사실이 좋아요.

올해는 남학교에서 근무하게 되었습니다. 철수샘과 제가 만났던 학교도 남학교였죠. 어쩐지 올해는 몇 년 전의 그 시간이 많이 겹쳐질 것 같아 설렙니다.

철수샘. 설날입니다. 새해 복 많이 받으세요.

2021년 2월 11일
평온을 되찾은 구지 드림

철수's Letter
최애와 차애의 차이

구지, 안녕?

서로의 지난 안부를 묻고 네 편지에 답장하는 기분으로 쓰게 되어 좋구나. 명절은 잘 보냈니? 근무지가 정해지고 맞는 연휴는 마음이 훨씬 편안했겠다.

그런데, 원래 최애랑 차애 하면 연예인이나 유명인 정도는 나와줘야 하는 거 아니니? 넌 왜 학교에서의 최애와 차애를 이야기하는 거니, 이 모범생 녀석아. 머릿속으로 한껏 아이돌과 유명인을 떠올리고 있던 나는 무지 부끄러워졌잖니. 어쨌든 난 나만의 최애와 차애를 써야지. 나의 최애는 꽤 오래도록 굳건히 의리를 지키며 내 마음 속 안방을 차지하고 있어. 그에 비해 차애는 자주 바뀌어. 여러 명을 비슷비슷하게 애정하거나, 또는 너그럽게 빨리 좋아하고 다시 또 가차 없이 마음에서 내보내기도 해. 내 마음 속 작은 방에 여러 명 끼어 살다가 때 되면 독립해서 나간다고 설명하면 될까?

내 최애는 너도 알다시피 H가수님이야. 팬들은 그의 이름을 부르거나 가수라고 하지 않고 '가수님'이라고 부르지. 그도 '팬님'들이라고 불러. 그에게 빠진지 7년째, 현재까지도 굳건히 그가 최애인 이유는…… 당연히 잘 생겨서지! 그리고 외모만큼이나 한결같은 꾸준함과 성실함이 좋아서야. H가수가 자신이 얻은 인기에 취하지 않고 항상 무언가를 배우려는 모습이 좋아. 무슨 일이든 오래도록 성실하게 노력하는 사람이 얻는 성공은 주변을 감동하게 한다고 생각하거든.

나는 그 감동을 가끔 주변의 국어 선생님들을 보면서도 느껴. 내가 사랑하는 독서교육 공부 모임이 있거든. 그 모임에는 열심히 독서교육을 공부하고 새롭게 시도하시는 선생님들이 계시지. 성공하든 실패하든 꾸준하고 성실하게 독서교육 사례를 만들어가는 선생님들을 보며 변화무쌍한 내 수업의 철학과 방향을 찾곤 해. 그 선생님들을 존경하고 또 동경하면서 내 최애랑 비슷하단 생각을 했지.

나는 내 최애가 자신이 가진 꾸준함과 성실함을 버리지 않을 사람이란 믿음이 있어. 근데 뭐, 드라마 '나의 아저씨'에 나오는 아저씨의 대사처럼 "사람 알아버리면 그 사람이 무슨 짓을 해도 상관없어." 이럴 거 같긴 하다. 그러고보니 나 드라마도 좋아하네… 세상엔 왜 이렇게 좋아할 대상이 많니….

그리고 내 차애들은 실로 여럿인데 공통점을 조금 찾아보자면 어떤 방식으로든 글을 쓰는 사람들인 것 같아. 작사가 김이나, 가수 아이유, 소설가 박상영, 소설가 정세랑, 그림책 작가 요시타케 신스케, 만화가 자까, PD 재재, 연습생 펭수, 개그맨 송은이, 영화감독 장항준, 소설가지망생 구지 님 헥헥. 열거하기 어려울 정도로 많지? 꼭 글이 아니라도 개성 있게 자신을 표현하는 사람이면 다 좋아. 음… 사실 그 사람의 어느 부분이 매력적이기만 하면 언제든지 내 마음은 사랑해줄 생각으로 열려있단다. 물론 온 국민이 좋아하는 BTS 역시 좋아하고… 그래, 나는 유행 타는 사람이며 금사빠인 데다가 열심히 무대 하는 아이돌들도 정말 사랑하지…. 이렇게 차애가 여럿인 이유는 내가 흥미를 쉽게 얻고 쉽게 잃는 사람이라서 그런 것 같기도 해.

사람이 아니라면 어떨까? 그렇게 생각해 본다면 내 최애이자 차애는 누가 뭐라 해도 책인 것 같다. 신간이 나오면 목록을 죽 훑어보고, 분야에 관계없이 끌리는 몇 권을 사. 그리고 주루룩 세워놓고 사진을 찍은 후 한두 권은 읽어보고 나머지는 책장에 넣어둬. 그리고 가끔 꽂혔을 때, 그러니까 신학기 직전 2월 말! 할 일이 겁나 쌓여 있는데 하기 싫을 때 미친 듯이 읽지. 오히려 어릴 때는 책을 썩 좋아하지 않았는데 국어교사라는 직업을 갖고 나서, 또 책을 사랑하는 독서교육 모임을 만나고 나서는 나 역시 책을 스르 사랑하게 되었어. 덕분에 내가 조금은 괜찮은 사람이 되어가는 것도 같고, 너랑도 책 이야기를 하며 더 가까워진 것도 같고.

학교 생활에서의 최애와 차애는 글쎄, 잘 모르겠다. 가르치며 번뜩이는 순간도, 올라가는 급여도 중요한 것은 분명한데, 시간이 갈수록 중요한 것이 좀 달라지는 것 같네. 내가 생각하는 학교생활에서의 최애는 존재감 있는 '나'야. 무슨 말이냐면 내 존재의 유의미함? 이것을 찾는 게 더 소중해진 것 같아. 당연히 아이들의 성장도 중요하지만 난 학교생활을 통해 내 존재의 유의미함을 찾고 싶어. 그게 없다면 직장 생활은 너무 무료하지. 이를테면 동료의 성장에 내가 조금 보탬이 되었는지, 수업 시간에 내 존재로 인해 학생들에게 약간의 배움이라도 일어났는지를 생각해 보는 것.

『청춘의 문장들』에서 읽은 김연수 소설가의 말처럼 '내가 완전히 소진되고 나서도 조금 더 소진되는 일'을 하고 싶어. '내가 누구인지 증명해 주는 일, 나를 행복하게 만드는 일, 견디면서 동시에 누릴 수 있는 일'을 하면 좋겠어. 소진되는 순간이 오더라도 그게 의미가 있는 게 좋다. 나와 내 동료로 인해 내가 속한 조직이 조금이나마 나아졌으면 해.

그런 면에서 어쩌면 나는 학교와 잘 맞는지도 몰라. 나는 내 존재로 학교라는 공간이 더 좋아지면 좋겠는데, 내가 선 자리에서 여러 가지를 시도해 보면서 조금씩 학교가 바뀌는 게 느껴지거든. 물론 이런 나를 피곤하게 여기는 분들이 있을 수도 있겠지만 우선은 내 만족이 가장 중요한 거 아니겠어? 그리고 그 다음으로 중요한 차애는 좋은 동료라는 사실을 덧붙여 본다. 작년에 뼈저리게 느꼈어. 나는 나와 안 맞는 사람을 도저히 좋아할 수가 없더라고.

명절이 지나고 월요일부터는 '신학년 집중 준비 기간'을 준비하기 위한 부장들의 시간이야. 최애니 차애니 말은 거창하게 했지만 내일이 오는 게 싫구나. 신학년 준비한답시고 며칠 동안 소진되다가 막상 그날이 오면 결국 좋은 소리 못 듣고 끝날 것 같은 이 불길함. 일하기 싫어서 이렇게 편지가 길어지나 보다.

새로운 학교에서 구지의 새 직장생활을 기대할게. 계약 조건이 별로였던 그곳을 네가 선택하지 않게 되어 마음이 좋다. 편지를 마치면 책을 사랑하는 유튜버, 김겨울이 쓴 『책의 말들』을 읽을 생각이야. 2월 말이잖니? 책을 많이 읽을 시기가 되었지. 읽어보고 좋으면 너에게도 소개할게.

새해 인사는 톡 이모티콘으로 남발했으니 더 하지 않겠어. 남은 연휴 잘 보내렴.

2021년 2월 14일
좋아하는 것들이 넘치는 철수

구지's Letter
고양이와 책, 그리고 맥시멀리스트

친애하는 철수샘.

날이 다시 추워지네요. 따뜻하게 입고 건강 잘 챙겨야겠어요. 3월 개학이 코앞이니까 우리 아프면 안 돼요.

최근 집에서 많은 시간을 보냈습니다. 철수샘이 보내준 편지를 읽으면서 깔깔 웃기도 하고, 맘껏 뒹굴기도 했어요. 철수샘과 좋아하는 작가군이 겹쳐 즐겁습니다. 김훈비 작가님처럼 쓰고 싶지만 내 안에 원도 작가님이 살아 있음을 깨닫게 된다는 제 말을 '착'하고 알아듣는 철수샘. 구구절절한 설명을 줄일 수 있는 접점이 있다는 게 얼마나 신나는 일인지 새삼 느끼는 요즘이네요.

철수샘의 최애와 차애를 읽으며 다시 생각해 봤어요. 학교가 아닌 곳에서 저의 최애와 차애는 무얼까요? 음, 역시 책 구입과 고양이입니다.

책을 읽는 속도보다 책을 사는 속도가 더 빠른 저는, 독서

보다 책을 사는 행위를 좋아하는 게 분명합니다. 오늘도 세 권을 샀습니다, 아직 안 읽은 책이 산더미인데! 더불어 길을 걷다 마주치는, 인터넷에서 만나게 되는 낯선 고양이들은 어쩐 일인지, 모조리 애틋하고 사랑스러워요.

고양이와 책은 제 삶을 풍요롭게 합니다. 더불어 고양이와 책은 저를 표현하는 단어이기도 해요. 둘을 빼놓고는 저를 설명하기 어려울 정도네요. 지금도 무릎에는 첫째 고양이가 잠들어 있고, 발아래로는 둘째 고양이가 고롱고롱 소리를 내고 있습니다. 또 집 곳곳에는 나름의 질서를 유지한 채 쌓여있는 책들이 보여요. 뿌듯하네요. 다 가진 기분입니다.

신학기 준비 기간이 내일부터 시작됩니다. 오늘이 한껏 여유로울 수 있는 마지막 날 같아 늦잠을 잤고, 염색을 했으며, 비건 친구가 알려준 버섯전골을 끓여 먹었습니다. 버섯전골이라고 하기엔 민망한 것이 시판 연두와 각종 버섯을 넣어 끓이기만 했거든요. 그런데 괜찮은 식사가 완성됐어요! 제가 아주 큰 냄비를 갖고 싶었는지 두부도 버섯도 꽤 남았어요. 며칠은 버섯전골 식사가 반복되지 않을까, 예측해봅니다.

요리를 할 때면 음식에 대한 제 상상력이 형편없다는 것을 깨닫습니다. 이번 버섯전골도 그랬어요. 제가 할 수 있는 요리, 1인 가구에게 적합한 요리가 아니라고 생각했죠. 육수를 내야 하고, 전골냄비도 있어야 하고, 전골은 혼자보다는 여럿

이 먹는 모습을 상상하기가 더 쉽잖아요. 음식점에 가도 2인분 이상으로 판매하는 경우가 대부분이고요. 하지만 막상 요리하겠다 마음 먹으니 어려운 일이 아니었어요. 버섯을 사서 손질하고, 물에 연두를 넣고, 제 전용 1인 냄비에 끓이기만 하면 되더라고요. 물론, 양 조절은 실패했지만, 내일의 구지가 먹을 거니 괜찮습니다.

저는 원룸형 오피스텔에 혼자 살고 있기에 집 어디에서나 공간 전체를 볼 수 있어요. 저의 집은 각종 물건으로 들어차 있습니다. 쓸모가 다한 물건은 재활용하고 버리고 하는데도 여전히 빵빵합니다. 네 저는 맥시멀리스트에요. 좋은 걸 보면 물어 가서 아지트에 숨겨 두는 산짐승이 생각나네요. (그만 물어와라…)

저에게 집은 비밀스러운 공간이기도 합니다. 누구와도 공유할 수 없는 저의 욕구가 고스란히 노출되어 있죠. 가족과 함께 살 때면 숨겨두던 물건들을 이제는 맘껏 사고 멋대로 늘어놓아요. 엉망으로 쌓아두기도 하고요. 그래서 초대하지 않은 손님이 들이닥칠 때면 곤혹스럽기도 합니다. 숨길 시간이 필요하거든요. 비밀은 비밀일 때 의미가 있으니까요. 그렇지만 혼돈의 공간, 무질서 속에 저만의 질서가 있습니다. 어쩐지 어디선가 '헛소리하네'라고 외치는 친언니의 목소리가 들리는 것도 같지만 괜찮습니다. 전 혼자니까요! 하하.

내일 아침엔 남은 버섯전골을 먹고 출근할 수 있을까요? 전 저를 알지만 일단 꿈꿔봅니다. 내일 아침밥 먹고 출근해야지. 오늘보다 더 춥다니까.

철수샘, 그러니까 연두+버섯탕, 아니지 버섯전골 추천합니다. 두부도 넣어보세요. 저는 못 넣었지만.

2021년 2월 15일
오랜만의 요리에 신난 구지 드림

철수's Letter
집 우 집 주

구지, 안녕?

신학년 집중 준비 기간 일주일을 보내는 동안 진이 좀 빠졌어. 퇴근을 하고, 금요일 저녁 맥주 한 캔을 따며 한 주의 피로를 씻는 의식을 치렀지. 너에게 편지를 쓰기 시작했는데 알콜이 조금 들어가면 술술(술!) 써질 줄 알았더니 바로 잠이 들어버렸단다.

버섯전골 요리법 잘 읽었어. 나는 해 먹을 것 같진 않아. 알지? 요리에 취미가 별로 없는 것. 난 그저 우리 동네 단골 반찬 가게가 어떤 이유로도 절대 영업을 중지하지 않기를 바랄 뿐이야. 그러고보니 너와 나는 요리에 대한 상상력이 부족하다는 공통점이 또 있구나. 나는 무엇을 만들어도 맛이 없게 만들어버리는 재능도 있어. 설명서가 있고 반조리되어 나와 있는 밀키트 음식도 조리하다 안 태우면 다행이야. 매끼 무얼 먹을지 고민하는 것은 즐겁지 않고 괴로워. 세상에서 급식이 제일 좋은 사람이란다. 다만 남편과 아이 둘이 있는 4인 가구라 재료를 많이 살 수 있고, 많은 양을 조리한다는 것 정도가 너와 다를까?

우스갯소리로 현관만 내 것이고 나머지는 은행 소유라는 그런 집을 나도 갖고 있어. 비록 현관 정도의 지분이더라도 내 집이 없던 시절과 지금은 좀 다른 것 같아. 예전의 나는 집에 있는 시간이 길지 않았어. 평일에는 잠만 자고 나가는 공간이었고, 주말에는 여기저기 쏘다니느라 바쁘다 보니 집에 대한 애정이 덜했지. 그랬던 내가 지금은 집이라는 공간에 안정감과 만족감을 느끼고 있어. 집이 그렇게 편할 수가 없다.

물론 집을 벗어난 바깥 나들이도 여전히 좋아하지만 이제 나는 집에서 뒹굴거리며 책 읽고 드라마 보는 '쉼'의 세계가 더 좋은 사람이 되었어. 집에 책을 채울 수 있는 서재가 있는 것도 좋고, 조금이나마 식물을 키울 수 있는 공간이 있다는 것도 행복해. 가끔씩 집의 구석구석을 꾸미고 정리하는 시간도 이제는 좋고. 우주가 한자로 집 우(宇), 집 주(宙)잖아. 그러니까 집은 나의 우주라고 해도 무방한 곳이지. 그리고 얼마 전에 깨달았는데 술을 마시고나서 내 주사는 "우리 집으로 가자!"더라고. 그 사이에 나는 좋아하는 사람들을 편안한 집으로 초대해서 식탁에 둘러 앉아 수다를 떠는 시간을 한없이 사랑하게 된 거야.

사람을 사귀고 나서 시간이 흐르고 서로의 집에 방문하고 나면, 그러니까 상대의 주거 공간을 알고 난 후에는 굉장히 내밀한 사이가 되잖아? 나는 그런 사이로 발전하는 걸 즐기는 것 같아. '음, 우리 집에 초대해도 괜찮은 사람이군' 하면서 말야. 구지도 우리 집에서 자고 간 적이 있잖아. 그 후로 우리는 더 내밀해지고 친밀해지지 않았을까.

아직 너희 집에 가보질 못했네. 초등 자녀를 둔 어미의 활동 반경의 제약 때문일까 생각했는데, 구지가 그동안 나를 초대한 적이 없었구나. 요즘 들어서야 내게 집에 놀러오라고 자꾸 말하는 것 같은데, 이제 나 너희 집에 초대받을 자격이 된 거니? 하하. 어서 너희 집에 가서 네 글에 자주 등장하는 고양이들과 인사하고 싶어. 네 취향의 책들도 보고 싶고, 네가 가장 편한 공간에서 글을 쓰는 모습도 이젠 구체적으로 상상하고 싶구나.

나는 가끔 네가 우리집 식탁 맞은 편에 어색하게 앉아서 맥주를 마시던 모습, 나중에는 편안한 표정으로 밤새 이야기를 종알종알 하던 모습이 떠올라. 우리 딸 방에서 자다가 아침에 부스스한 머리로 문을 열고 나오던 다음 날의 너도. 그런데 너는 네 집에서 내 기억이 없을 거 아냐. 너의 주거공간에 내 자취를 남기고 싶은 욕망이 확 샘솟는군. 갑자기 들이닥쳐 집에 늘어둔 너의 비밀들도 몰래 훔쳐보면 우리 사이는 더 찐해질까? 아님 서서히 멀어질까?

    나는 오늘도 우리 집에 누군가를 초대했어. 이제부터 그를 맞이하기 위한 청소와 정리를 시작할 생각이야. 함께 할 즐거운 시간을 상상하면서 내 우주의 먼지를 닦아내야지.

    구지야, 너도 월요일에 우리집에 올래?

2021년 2월 20일
구지의 집이 궁금한 철수

구지's Letter
새학기를 준비하는 마음

친애하는 철수샘!

철수샘, 안녕하세요. 샘의 편지를 읽다 문득, 철수샘의 '안녕?'에 답을 해야만 할 것 같은 기분이 들었어요. 저는 안녕합니다. 철수샘의 오늘도 안녕하시길 바라며 편지를 시작해요.

'안녕'이라는 인사를 끝맺는 방식은 물음표와 마침표, 크게 두 가지로 나눌 수 있겠다는 생각이 듭니다. '안녕'에는 가볍게 안부를 묻는 의도가 담겨 있어 물음표가 당연할 것 같은데, 마침표를 찍는 경우도 많거든요. 그러니까 저는 마침표가 더 익숙한 시간을 살아온 것 같아요. 글로 보내는 안부 인사에는 회신이 즉각적이지 않으니까요. 안부를 묻는 마음과 더불어 상대방이 안녕한 시간을 보내고 있길 바라는 마음을 담아 마침표를 찍었던 걸까, 질문이 이어집니다.

이런 고민이 처음은 아닙니다. 우리 엄마도 '안녕'에 물음표를 찍어 보내는 사람이거든요. 엄마의 '안녕?'을 메시지로 받을 때면 전화를 해서 안녕한 지금을 증명해야만 할 것 같은 기분에 사로잡히곤 합니다. 저 지금 무슨 말을 하고 있는 거죠? 그러니까, 철수샘도 저도 모두 계속 안녕한 나날이 이어지기를 바라고 있다는 거죠. (응?)

개학을 앞두고 복잡한 기분이 들어 이런저런 이야기가 길어졌네요. 새학기를 준비하는 시간을 보내고 계신가요? 저는 새 학교에서 연간 학습진도 계획을 세우고, 같이 수업에 들어가는 선생님과 가르칠 단원을 나눈 후, 교재 연구를 하고 있습니다. 그런데 철수샘은 연구부장이니까 일개 교과가 아니라 학교 단위의 학기를 준비하고 계실 것 같네요.

얼마 전부터 매일 3학년 국어 교과서를 펴놓고, 또 책장을 바라보며 수업을 구상하는 시간을 보내고 있습니다. 이건 꼭 이 시기에만 국한되는 일은 아닌 것 같아요. 의도하지 않더라도 늘 조금은 수업 구상과 함께 하는 시간을 보내는 게 교사의 일상이 아닐까요? 학습 목표를 어떤 내용으로 채워야 학생들의 마음을 건드릴 수 있을까 고민하며 책을 읽고 영화를 보다, 수업에 활용하면 좋을 멋있는 시 한 편이 필요할 것 같은 마음에 시집을 잔뜩 빼서 정독하는 시간도 가졌습니다.

올 한 해 동안의 '나'에 대해 생각하는 2월 마지막 주입니다. 작년의 아쉬움을 발판 삼아 학생들에게 좀 더 다가가는 국어 수업을, 그리고 담임으로서는 좀 더 편안하고 안전한 교육 환경을 제공하는 교사이고 싶습니다. 그렇지만 이 시기, 온기 없는 교실을 혼자 청소하고 있으면 또 조금은 쓸쓸해지기도 합니다. 혼자 하기엔 교실은 제법 크고 손 닿을 곳이 많잖아요. 그렇지만 제가 감당 못 할 정도의 에너지로 교실이 꽉 차는 3월을 상상하면 또 힘을 내서 책상을 닦을 수 있습니다. 내일은 교실 정돈을 마무리해야겠어요.

 2월 마지막 주의 모습이 달라진 건 작년부터였습니다. 코로나19로 인한 대혼란의 시기입니다. 3월 2일, 그래서 어느 학년이 등교하는 걸까요? 1/3 등교일까요, 2/3 등교일까요? 저는 오프라인 수업을 준비해야 하나요, 온라인 수업을 준비해야 하나요? 혼란한 마음은 아마 관리자 샘들도 모두 비슷하겠죠. 이 시기의 유일한 장점이라면 제가 결정권자가 아니라는 점이 아닐까? 싶을 정도로 코로나19는 세상의 많은 점을, 학교의 풍경을 많이도 바꾸어 놓았네요. 작년에는 3월 개학이 미루어지기도 했으니까요. 올해는 시끄러운 학교가 너무나도 당연한 일상이 되길 바라봅니다. 쉽게 피로해지는 3월인 만큼 정신줄도 잘 잡아야겠지만요.

 새학기를 준비하며 체력을 키워볼까, 마음만 먹다 시간이 가버렸습니다. 내일부터는 다시 소소하게 걷기 운동이라도 시작해 볼까 합니다. 바쁜 3월이 시작되어도 서로에게 보내는 편지가 힘이 되면 좋겠어요. 이만 줄이겠습니다.

2021년 2월 24일

새학기가 설레고 두려운 구지 드림

덧. 아, 철수샘! 반드시, 어떠한 일이 있더라도, 우리 집에 오실 때는 선 예고 후 방문입니다. 자칫하면 집 우, 집 주, 에 충실한 저의 집을 마주할 수 있습니다. 요즘 우주 쓰레기가 그렇게 문제라고 하더라고요.

철수's Letter
홍삼과 함께 새학기 시작!

구지, 안녕?

인사에 의미를 담진 않는 편인데, 이 말이 '굳이, 안녕?'이라고도 읽히는 것을 보면 매번 안 해도 될 인사를 하는 것마냥 들리네. 안녕을 증명해야 될 것만 같다는 네 말이 재밌게 읽힌다. 인사말을 바꿔볼까도 싶지만, 당분간은 굳이 구지, 안녕? 이란 인사를 계속 할게. 나는 이런 말장난을 너무 사랑하는 걸.

새학기를 준비하는 2월 그것도 마지막 주인데 나는 수업 준비는커녕 2020년 예산 보고를 마무리하느라 며칠을 보냈다. 회계는 왜 그리 어려운지 한참을 들여다봐도 이해가 안되어서 결국 또 행정실에 도움을 요청했지. 회계 엑셀 시트의 잔액 칸이 끝내 '0'으로 바뀌지가 않아서 문의했다가 업체의 반납으로 인해 잔액이 남아있다는 답변을 듣고 서둘러 예산을 집행하는 며칠, 교사의 일은 어디까지인가, 라는 생각을 했어. 나는 숫자와 친하지 않아서 사업은 못하겠구나 하는 생각도. 교사가 워낙 하는 일의 종류가 다양하니까 교사는 판사, 변호사, 경찰 등의 직업군이 하는 일도 자세히 알아야 한다고 하는데, 이제는 회계도 알아야할 판이라니. 이런 일들을 매년 새롭게 배우다 보면 앞으로 교사로 살아갈 날들이 지루하진 않겠다는 생각도 들어.

내가 속한 연구부는 학교 구성원인 선생님들과 관련된 한 해 사업들을 계획하느라 바쁜 시기야. 떠오르는 대로 말해보면, 수업 장학 및 컨설팅 장학 계획, 교과진도표 작성, 교원학습공동체 구성, 교육계획서 작성… 등인데 그래도 3월이 시작되어야 정리가 되는 일들이니까 2월에 제일 바쁜 부서는 단연 교무부인 듯해. 학교의 전체적인 일정을 총괄하고 지휘하는 부서이기 때문에 결정해야 할 사항들이 특히 더 많거든. 그중 가장 중요한 학사일정은 수시로 바뀌기 때문에 옆에서 보기만 해도 혈압이 오를 거 같아! 교무부장님과 동지의식을 느끼며 같이 늦게 퇴근하는 요즘, 정월대보름달이 밝게 떠 있는 걸 보며 올해는 몇 번 더 퇴근할 때 달을 보게 되려나 점쳐보았어.

그래도 연구부에서 진행하는 일들은 주로 문서 작업이 많아서 오래 앉아서 작업하는 걸 좋아하는 내게는 잘 맞는 일이기도 해. 몰두하다 보면 자연스럽게 늦게 퇴근하게 되지만,

야근이 필수가 아니라 더 잘하고 싶은 내 선택일 때도 많아. 그렇지만 올해는 그래도 부장 2년차니까! 일찍 퇴근해서 우리집 어린이들과도 더 시간을 보내겠다고 다짐하고 있어.

교실을 청소하며 하루를 보냈다는 네 말을 듣고 담임을 하던 때를 떠올려보게 되네. 그리 오래 전도 아니지만 담임을 안 한지 1년이 지나니, 이 시기에 담임과는 전혀 다른 고민을 하게 돼. 그렇지만 학교 생활의 꽃이 담임인 것은 분명하지. 두려움 섞인 설렘과 긴장 속에서 준비하는 2월 말과 교실을 정리하고 아이들을 맞이하는 3월 첫만남이 지나면 지루할 틈 없이 다이나믹한 1년이 전개되잖아. 여러 가지 의미로 1년이 아주 재미나지. 힘을 빠지게도, 힘을 얻게도 하는 녀석들과의 동행을 한결같이 성실히 해나가야 하는 담임의 1년은 힘들지만 그만큼 보람 있으니까. 아, 편지를 쓰다보니 나도 내년엔 다시 담임으로 돌아가고 싶구나. 그 생기 넘치는 에너지가 그리워.

요건 다른 얘기인데, 애를 낳아보니 아이가 어떤 담임선생님을 만나게 될지도 정말 중요한 일이더라고. 우리 애만이 아닌, 모든 애들에게 올바른 태도로 대해주는 선생님을 만났으면 좋겠어. 우리 아이들이 언젠가 구지 너를 담임교사로 만날 수 있다면 참 좋겠는데… 부, 불편할까? 아님 국어 선생님으로라도요, 제발.

엊그제 너에게 작년 학습지와 PPT 자료를 보내면서 겨우 내 수업을 정리해 보았어. 별 생각 없이 지내다가 네게 도움을 주면서야 내 수업을 다시 돌아보게 되는 걸 보면 나누는 게 결과적으로 내가 발전할 수 있는 기회가 되는 것 같아. 그러니 내가 너에게 도움을 자주 요청하더라도 즐겁게 임해주겠니? 다 너를 위해서, 쿨럭.

3월이 오기 전 마지막 주말인데 오늘은 오랜만에 광주에 사는 남동생네 가족이 서울 나들이를 온다. 수업 준비는… 구지 네가 보내준 PPT를 많이 참고해야겠다. 운동은 물 건너갔고, 홍삼 한 통 쟁여놓고 3월 시작!

2021년 2월 27일
아직은 안녕한 철수

설렘과
두려움
사이에서

구지's Letter
3월의 학교는 바쁘지만 예쁨

친애하는 철수샘.

매일 늦은 퇴근러로 살고 있다던 철수샘, 요즘은 어떤가요? 바쁜 시기가 지나갔기를 바랍니다.

철수샘의 편지를 읽다 보니, 저를 이모라 불러주고 다정하게 손잡아주던 철수샘의 예쁜 어린이들이 생각났습니다. 귀여운 두 아이를 제게 맡겨도 괜찮으시겠어요? 제가 국어 수업 시간에 학생들과 무엇을 하며, 어떤 시간을 보내는지 알지 못하시잖아요! 후회하실 지도 몰라요.

3월이 시작되고, 첫 주가 정신없게 지나갔습니다. 몸은 너무 바쁜데 지치지 않는 마음이, 앞으로 나아갈 힘을 실어줍니다. 지금 이 편지를 쓰는데도 약간 신나 있습니다. 혼이 나간 건 아니고요. 아이들 덕분입니다.

올해 제가 근무하는 학교의 수업은 모두 실시간 화상으로 진행됩니다. 걱정과 우려가 컸는데, 첫날보다는 둘째 날이, 둘째 날보다는 그 다음 날이, 점점 더 좋아지더라고요. 힘들고 여유 없던 마음에도 자리가 생겨 모니터 너머 아이들의 얼굴을 바라볼 수 있었어요. 건강하고 밝은 아이들의 이름을 살갑게 불러줄 수 있었고, 아이들도 조심스레 꺼놓던 마이크를 켜 질문을 하거나 답변을 하기도 합니다. 수업이 끝난 후에는 감사하다 말하고 꾸벅 인사를 건네주는데, 그게 고맙고 정말 예뻐요.

작년에는 힘들게 올라간 산에서 기대한 풍경도 여유도 누리지 못하고 터덜터덜 내려오는 날들이었다면, 올해는 올라가는 산기슭에서부터 작고 귀여운 산짐승들을 만난 기분입니다. 걸음을 멈추고 눈을 맞추고, 응원을 받으며 앞으로 걸어가는 기분이요. 물론 수업 준비는 두 배로 힘들어요. 수업용 PPT와 실시간 과제, 학습지까지 계속 만들다 보니 정말 많은 시간이 소요되지만, 아이들이 웃으니 다 괜찮아졌어요.

즐겁게 들어주길 바라고 계획한 부분에서 웃음이 터지는 아이들을 마주하는 시간은 정말 행복해요. 엊그제는 학교 인터넷 연결 문제로 제가 갑자기 사라져버렸는데도, 화상 수업에서 나가지 않고 저를 기다려주는 아이들이 있었어요. "학교 인터넷이 평상시에도 좀 별로였어요."라고 말해주는 다정한 아이들입니다. 올해 이 아이들을 만나려고 제가 그렇게 추운 겨울을 보냈나봐요.

3월의 첫 주, 수업에서 마주한 아이들은 어찌나 밝고 예쁘던지요. 이문재 시인의 「봄날」을 함께 읽고 이야기를 나누었습니다. 화사하게 핀 봄꽃을 보고 바쁘던 발걸음을 멈추게 되는 마음을 이해하는지, 좋은 걸 보면 함께 나누고 싶은 사람이 생각나는 순간이 있는지 질문했고 아이들은 때로는 가볍게, 가끔은 모범적인 답을 내어놓았어요. 모두가 와르르 이야기를 쏟아낼 순 없었지만 한 명씩 마이크를 켰다 껐다 반복하며 이야기를 나누는데 정말 행복했어요. 겨우내 가물던 제 마음에 기름이 돌기 시작했습니다.

봄꽃이 피면 무슨 생각이 드느냐는 질문에 중학교 남학생들은 '날씨가 좋아서 밖에서 축구하기 좋겠다' 혹은 '농구하기 좋은 계절이다'라는 생각부터 든다고 하네요. 꽃 보러 가자고 말하는 친구는 없고, 가족끼리도 딱히 봄꽃을 보러 나들이 간 기억은 없다고 솔직하게 말하는 십 대 남학생들의 대답이 건강하게 들렸습니다. 매체에 오르내리는 무서운 청소년들은 극소수인데, 나조차 색안경을 끼고 아이들을 바라본 건 아닐까 미안한 마음이 들었어요.

그렇지만 매체에서는 실시간 수업에서의 교사 사진을 찍어 당근 마켓에 올리는 일이 발생했다는 보도가 나오고, 또 상상하기도 싫은 범주의 일이 계속 발생하고 있어요. 이 사실을 외면할 수는 없습니다. 누군가에게 일어난 고된 일이, 나에게는 일어나지 않았다고 해서 세상에 없는 일이 되는 건 아니니까요. 불편함을 겪은, 고통을 말하는 사람의 목소리에 귀 기울이는 사람이 되어야지, 또 다짐하게 됩니다.

철수샘, 날이 많이 풀렸어요. 어제는 강변을 걸어도 춥지 않더라고요. 며칠 전 읽은 『시와 산책』에서 한정원 작가가 그랬습니다. 꽃 피는 시기만을 봄으로 여기지 않는다면 봄은 절대 짧지 않다고요. 정말 봄이 여기저기 내려와 있는 듯해요.

일교차가 큽니다. 저는 비염 때문에 이비인후과와 안과에 다녀왔네요. 우리 목 관리 잘하고, 건강합시다!

2021년 3월 6일
말랑하고 행복한 마음으로 3월을 시작한 구지 드림

철수's Letter
어찌 가는지 모르겠는 3월의 학교

구지, 안녕?

3월의 하루하루가 어찌 가는지 모르겠구나. 어떤 날은 네 말대로 대기업보다 늦게 퇴근하기도 하고, 어떤 날은 컴퓨터가 고장 나서 집에서 일하려고 강제로 일찍 퇴근하기도 했지. 등교와 원격이 병행인 수업을 진행함과 동시에 학교의 수많은 계획을 정하는 일에도 시간을 쏟느라 몸이 아플 수밖에 없는 듯해. 엊그제는 결국 학교에서 밤 10시를 넘겼다. 그리고 나의 야근메이트 교무부장님은 다음날에 11시를 넘겨 최고 기록을 찍으셨지….

무리하지 말아야 한다고 생각하면서도 혹시라도 부서 일에 구멍이 날까봐 노심초사 집중해서 업무를 하고, 급한 불을 끄고 나면 그 다음부터는 수업 준비를 하다 쪽잠을 자는 시기가 3월인 것 같아. 아프지 않으려고 지금도 목에 목도리를 두르고 이 글을 쓰고 있어. 교사에게 목 관리는 정말 중요하잖아. 그런데도 3월에 목이 쉬지 않는 교사는 거의 못 만나 본 것 같아. 작년에는 원격 수업을 많이 해서 그래도 목에 부담이 덜했는데, 올해는 실시간 화상 수업과 등교수업이 착착 진행되고 있어서 그런지 금요일에 바로 목이 쉬어버렸지 뭐야. 마이크를 써야 하는데 수업 진행에 마음이 급하면 깜빡할 때가 더 많고. 웃긴 건 3월에 목이 쉬고 나니까 '아, 그래도 올해는 학교가 잘 돌아가고 있구나.' 하는 안도감이 드는 거 있지.

그제는 학교의 젊은 선생님들이 강사로 나서서 학교 전체 선생님들에게 스마트교실 장비 사용법 연수를 해주셨어. 근무한 지 2, 3년차밖에 안 되었는데 수업 준비나 컴퓨터 장비 다루는 실력들이 어쩜 그리 뛰어난지. 무보수로 강의를 해준 선생님들께 고마움의 표시로 저녁을 샀어. 90년대 생으로 불리는 요즘 젊은 친구들에 대한 책들이 많이 나오는 걸 보면 기성 세대가 이들의 사고방식이나 생활태도에 당황하고 있는 게 분명한데, 내가 보기에 이들은 참 배울 점이 많아. 이 날도 식사를 하면서 가만히 이야기를 듣고 있으니, 학생에 대한 관심과 친밀도가 무척 높고, 수업에 대한 고민과 내용이 진지했어. 또 그 수업 내용이 너무 재미나서 내 수업에 적용해보고 싶은 아이디어들이 퐁퐁 샘솟았지.

사실 그동안 나는 이들이 약간은 냉소적이고 방어적으로

직장생활을 하고 있을 거라 생각했는지도 몰라. 지금의 나는 연차는 찼지만 원숙해졌다고 말하기도 어렵고, 또 신규교사 시절의 열정도 사라진 상태여서 젊은 선생님들의 그 열정이 정말 부러웠단다. 만약 교사 레벨이 10단계까지 있다면 나는 겨우 5나 되었을까? 이렇게 애매한 위치에 있으면서 괜히 젊은 선생님들에게 학교생활 팁을 알려준답시고 쓸데없는 잔소리만 잔뜩 한 것 같아. 오 라떼여….

수업의 열정이 조금 사라진 것 같은 지금의 나에게, 새로 만난 학생들에 대해 신나게 이야기하는 젊은 선생님들을 보는 것은 큰 자극이었어. 그 친구들을 보며 3월에 행복해하는 구지가 겹쳐졌단다. 사실 나는 이번 주 수업이 그다지 신나지가 않았거든. "1반은 반응이 없어서 수업이 힘들어요." "2반은 대답을 잘하는데 앞으로 나대느라 힘들지 않을지 지켜봐야겠어요." "3반은 벌써 수업 태도가 안 좋은 친구들이 조금씩 보이네요." 동료들에게 이런 말밖에 하지 않은 게 생각난 거야. 난 썩었어, 하…. 다음 주는 실시간 화상 수업도 있고, 등교수업도 있는데 중요한 건 내 마음가짐이란 생각이 번쩍 든다. 업무 얼른 끝내고 수업 준비 더 열심히 해야지. 라고 썼지만 과연 가능했는지는 다음 편지에….

며칠 연속 야근을 했더니 집에 온 나를 보자마자 큰애가 "엄마가 너무 불쌍해. 안쓰러워."하며 꼭 안아주네. 며칠 일찍 퇴근한 애들 아빠가 아이들에게 뭔가 말을 잘 해놓은 것 같지만, 그런 말을 들으니 오히려 미안해. 집에 오면 기절하듯 잠들거나, 앉은 자리에서 꼼짝없이 꾸벅꾸벅 졸기 일쑤이지만, 더 이상 미안해지지 않기 위해 지금의 열정을 내 아이들에게 좀 더 쏟기로 선언했다. 그 다짐으로 오늘은 둘째랑 끝말잇기를 열정적으로 했음. 다섯 번을 봐주고 결국 이겼지. 음하하.

  개학을 하고 2주가 지나갔다. 김춘수의 「꽃」을 가르치는데 아직 꽃을 못 봤네. 꽃 피는 3월, 우리 이 꽃이 지기 전에 얼굴 보자. 정말로.

2021년 3월 13일
꽃이 보고 싶은 철수

구지's Letter
노동으로 빚은 오늘의 급식

친애하는 철수샘.

시간은 언제나 제가 체감하는 속도와는 다르게 흘러가는 듯해요. 체감상으로 4월은 된 것 같은데! 아직 3월 중순이네요. 많은 일이 있었고 토요일인 오늘은 도저히 침대와 분리될 수 없어 한참을 누워 있었습니다. 늦은 시간까지 일어나지 않는 제게, 고양이들이 밥과 물이 없다는 잔소리를 어찌나 해대는지! 겨우겨우 집사 노릇을 한 후 컴퓨터 앞에 앉았어요. 창밖에는 비가 옵니다.

주말이면 무슨 생각을 제일 많이 하세요? 저는 오늘은 무얼 먹어야 할까? 식사 메뉴가 늘 고민입니다. 오늘도 침대에 누워 아점은 뭐가 좋을까? 냉장고에 있는 재료로 만들 수 있는 요리를 상상하고 포기하기를 반복하다 결국 배달 어플을 켰습니다. 눈으로는 여섯 끼쯤은 해결한 기분인데, 여전히 무얼 먹어야 할지는 결정하지 못했습니다.

출근은 힘들지만, 학교에 가면 무얼 먹을지 고민하지 않아도 되는 점이 좋아요. 학교 구성원 모두가 동일한 식단으로 밥을 먹고 유사한 행복감을 느낀다는 건 놀라운 일입니다. 입맛에 맞는 급식을 먹으면 기분이 좋아지고, 간이 맞지 않는 날은 불만도 생깁니다. 수많은 학교 구성원들의 입맛을 다 맞추기란 힘든데도 모두 급식 시간을 기다리고 있으니, 영양사 선생님의 마음은 정말 단단해야겠다는 생각이 들어요.

맛있는 급식을 먹고 기분이 좋아지는 날이면, 누군가의 노동이 여러 사람의 기분을 들었다 놨다 할 수 있다는 사실을 새삼 느끼게 돼요. 동시에 '아, 오늘 선생님이 바빠서 조금 늦었네, 미안해.'라며 학생들을 상대로 수업에 소홀했던 몇몇 순간이 떠오르곤 합니다. 또래들과 함께 배우고 익히며 노력해야 할 시간을 교사의 바쁨을 이유로 방치한 시간이요. 급식이 늦어지는 건 문제라고 생각하면서도 수업이 늦어지는 건 너그럽게 넘어가곤 했던 순간들이 갑자기 부끄러워져요.

이런 생각이 드는 이유는 아무래도 급작스레 사표를 낸 부장님 영향이겠죠. 3월 초, 갑작스레 사표를 낼 수밖에 없었던 그분의 쓰린 속사정도 분명히 있을 거에요. 그러나 사표가 수리되는 동안, 그 자리를 다시 채울 기간제 교사를 채용하는 동안, 1학년 학생들의 해당 교과 시간은 일주일 내내 자습으로 이어졌습니다. 누군가의 노동과 그로 인해 파생되는 결과를 생각하게 되는 3월이네요.

올해 독서 시간에는 노동을 다룬 소설집을 함께 읽고 이야기를 나누기로 했어요. '노동'에 대한 학생들의 생각이 궁금했어요. 학생들은 노동은 일한다는 뜻이며, 일한다는 건 돈을 벌기 위한 행동이라 말하더군요. 질문을 던졌습니다. "우리가 이렇게 수업하고 이야기를 나누는 시간은 선생님에게는 무슨 시간일 것 같니?" 제 질문에 몇몇 학생은 놀라기도 했습니다. 교사와 학생 사이 일어나는 배움의 시간이 교사의 노동 시간이라는 생각은 미처 하지 못한 모양이었어요.

학생들의 생각이 궁금해졌어요. 우리는 타인의 노동에 영향을 받고 있을까, 그렇지 않을까를 고민한 후 자유롭게 생각을 나누게 했습니다. 학생들이 발견한 일상 속 타인의 노동은 다양했어요. 등교를 위해 대중교통을 탈 때, 편의점에서 아이스크림을 살 때, 밤에 침대에 누워 웹툰을 읽으며 시간을 보낼 때, 좋아하는 가수의 노래를 들으며 기분을 끌어올릴 때. 입고 신고 먹는 소소한 순간에도 일하는 사람이 있었어요. 그리고 학교에는 노동하는 선생님이 있다고. 학생들의 말로 듣게 되니 새삼스럽더라고요.

욕심을 내보려고요. 저의 노동이 학생들에게 조금이라도 좋은 영향을 남기는 방향으로 가 닿기를 꿈꾸며 다음 수업을 준비하려 합니다.

  오늘은 여기서 편지를 끝맺겠습니다.

2021년 3월 20일

쓰려던 주제와는 멀어진 기분이지만, 구지 드림

철수's Letter
소리가 사라진 급식실

구지, 안녕?

3월이 막바지에 이르렀네. 학교의 3월은 참 긴데 주말은 왜 이렇게 짧은지. 주말의 아쉬움을 만끽하다 항상 일요일 밤에 허덕이게 돼. 그래서 어제는 금요일 저녁에 주말 기분을 미리 내려고 회에 초밥에 맥주까지 차려놓았다가, 주중에 쌓인 피로 때문인지 맥주는 반 캔도 못 마시고, 회도 반 접시 이상을 남편에게 양보하고 먼저 잠이 들고 말았어. 아, 어제저녁 남긴 회가 다시 생각나는 토요일이구나.

급식! 나도 급식을 매우 사랑하는 급식애호가야. 집에서 매일 가사 노동, 특히 고된 음식 노동을 해야 하는 엄마들은 '남이 해주는 밥이 제일 맛있어'라고 입 모아 얘기하곤 하지. 점심 메뉴를 고민하지 않아도 된다는 사실이 수많은 선택과 결정에 지친 나에게 작은 위안이 돼. 그리고 나는 사실 뭘 줘도 맛있게 먹는 편인데, 그날 식단의 상태에 따라 학생들과 선생님, 그리고 교직원의 말이 많은 걸 보면 영양사 선생님 마음이 진짜 단단해야겠다는 네 말에 동의해. 오늘 국은 짜네. 이것이 우동이라고 할 수 있나? 오늘은 먹을 게 없네. 이런 얘기가 들리는 날이면 담당자는 힘이 빠지겠다 싶어. 왜, 저녁을 준비하는 주부의 마음이 그럴 거야. 기껏 힘들게 준비했는데 "엄마, 오늘은 반찬이 별로 없네." 이런 말을 들을 때 순간적인 분노에 휩싸이곤 하거든.

학교운영위원회에서 들었는데 중학교는 1년 중 급식 기준일이 172일인가 3일이래. 173일의 식사를 몇 백 명의 입맛에 모두 맞춘다는 건 너무 힘든 일이잖아. 물론 급식에 정말 문제가 있다면 변화가 있어야겠지만, 따로 식사를 챙겨올 엄두를 못 내는 나는 매번 그저 감사히 먹고 있어. 그리고 정말 급식이 맛있는 날은 영양사님이나 조리 종사자님들께 맛있게 잘 먹었다고 인사를 하는 편이야. "선생님 오늘 수업 좋았어요." 이런 말 들었을 때의 작은 행복감을 알기에.

요즘 급식을 먹으며 학교 식당을 관찰해봤는데, 작년부터 코로나로 인해 달라진 환경이 제일 눈에 들어왔어. 우리 학교는 4교시가 끝나면 "1반 식사 시작하세요."라는 방송이 나와. 3분쯤 뒤에 "2반 식사 시작하세요."가 이어지지. 4교시 담당 교사는 수업이 끝나고 교실에서 학생들과 대기하다가 차례가 되면 학생들을 인솔해서 급식실로 데려가지. 학생들은 급식실 앞에서부터 번호대로 서서 거리두기를 하고, 입구에서 손 소독과 체온 측정을 한 후, 투명한 칸막이가 있는 지정된 좌석에 앉아서 조용히 밥을 먹어. 잘 모르는 다른 반 학생과 어색하게 앉아서 같이 밥을 먹게 되기도 하지.

급식실 내부 지도 교사는 학생들이 이야기를 하지 못하도록 지도하고, 퇴식구에서도 거리를 두게 하느라 모든 학생들의 식사시간이 거의 끝날 때까지 지도를 하고 있어. 외부 방역요원들까지 하면 급식 지도에 상당히 많은 인력이 배치되고 있지. 교직원 식당도 마찬가지로 이야기를 할 수 없고, 배식을 할 때도 비닐장갑을 한 손에 끼고 자체 배식을 해. 버려지는 비닐장갑 양을 보면 죄책감이 들지만, 나로 인해 혹시라도 누군가에게 폐를 끼칠 수는 없으니까 조심하고 있어. 작년부터 지속된 일상이라 이제 다들 익숙해졌는데 올해 복직하신 선생님이 첫 급식날 "하아, 학교 점심시간이 이렇게 될 줄 정말 그 누가 알았겠어요."라고 깜짝 놀라시더라고. 맞아, 소리가 사라진 급식실, 질서 정연한 급식실, 아무도 떠들지 않고 뛰지 않는, 밥만 먹는 침묵의 급식실. 코로나로 급식실의 풍경은 바뀌었지만 여전히 학생들은 식단표를 칠판에 붙여놓고 오늘의 급식을 기대해.

급식에 많은 사람의 노동이 들어가듯이 수업도 교사의 노동이 들어간 시간이라고 생각하니 나 역시 지나간 수업들에

몹시 신경이 쓰이기 시작했어. 나의 노동으로 아이들은 즐겁게 배웠을까? 좋은 영향은커녕 잠만 재운 날들이 떠오르는데! 어쩜 좋아!

각설하고, 요즘 나 기대하는 게 있어. 익숙한 급식도 좋지만 너와 맛있는 음식을 사 먹을 3월의 약속 말이야. 메뉴는 신선한 모듬 초밥 어때? 반 아이들과 학급문집을 만들고 싶다고 톡으로 말했지? 집에서 예전에 만든 문집을 챙겨갈게. 내일은 급식 대신 외식!

2021년 3월 27일
초밥이 먹고 싶은 철수

구지's Letter
보이는 게 전부가 아님에도

친애하는 철수샘.

4월입니다! 만우절이 있는 4월의 첫 주가 소란하고도 즐겁게 지나갔습니다. 제가 맡은 학년은 어찌나 기운이 펄펄 나는지, 아이들 기운에 맞춰 살다 밤이면 기절하는 매일을 보냈습니다. 만우절을 맞아, 담임 선생님을 속이겠다고 아침 일찍 와 책상을 모두 뒤집어 놓는 정성이 귀엽고 예쁘더라고요. 이 밝은 아이들과 재미있게 1년을 보내고 싶은 마음에 이것저것 구상하는 중인데, 여러 행사들이 의도한 대로 잘 풀리면 좋겠어요.

지난 주말에 철수샘을 만나 학급문집 만드는 이야길 들었죠. 우리 반 회장 부회장에게 철수샘이 만든 문집을 보여주며 의견을 물었어요. 펄펄 뛰어다니던 아이들이 일 대 일로 마주하면 쑥스러워 저와 눈도 못 마주치는 게 아직 어리구나 싶다가도 차분히 자기 의견을 내어놓는 모습은 또 예쁘고 기특

해요. 우선은 회장 부회장이 도움을 주기로 했고, 학부모님들께도 편지를 써서 보냈습니다. 5월 전에 아이에게 보내는 편지를 모두 써주실 수 있으신지, 이 편지는 학급 문집에 실리게 될 예정임을 알리는 편지였습니다. 다행히도 모든 학부모가 흔쾌히 동의해 주셨어요! 철수샘이 제공해 준 여러 문집 경험과 예시를 토대로 겨우 한 걸음 뗀 기분입니다. 감사해요.

일교차가 큰 요즘이라 옷 입기가 애매합니다. 과하거나 부족한 느낌이에요. 겨울 코트를 입으면 덥고, 봄 재킷을 걸치면 추워요. 날씨가 애매하단 이유만으로 그런 건 아니지만, 학기 초는 옷을 사는 데 많은 돈을 쓰게 돼요. 처음 만나는 학생들에게 기왕이면 잘 보이고 싶다는 마음으로 이것저것 사고 반품하다 보니, 문 앞에는 늘 택배 박스가 한두 개쯤 놓여있는 요즘입니다.

수업을 하는 45분이라는 시간 동안 저는 PPT도 띄워놓고 학습지도 풀고 하지만, 학생들은 학습 자료 외의 것에 더 집중하는 경향이 있더라고요. "샘 오늘은 왜 그 머플러 안 하셨어요?" "샘 카디건 모으죠?" 등의 제 옷차림과 관련한 질문을 들을 때면, 무분별한 소비와 나의 패션 취향이 간파당했단 생각에 얼굴이 화끈거리기도 합니다. 학생들이 알아차릴 정도로 카디건이 많다니 자중하겠다고 결심하고도 마음을 끄는 옷을 마주하면 저도 모르게 지갑을 열게 됩니다.

화려한 옷차림보다 내면이 단단한 사람이 멋지다고 생각하면서도, 외면에 치중하게 되는 이 간극을 어쩌면 좋을까요. 본가에 가면 엄마 아빠의 옷차림에 놀랄 때가 있어요. 오래된 옷도 깨끗하게 관리해 입고 있는 두 분이 대단해 보여요. 그 모습이 참 보기 좋다고 생각하면서도 저는 또 새 옷을 샀네요. 때 되면 새로운 옷을 입는 것과 자신에게 맞는 옷을 사서 잘 관리하며 오래 입는 것. 둘 중 어느 것이 더 좋은 건지 분명하게 알고 있는데도 실천은 쉽지 않아요.

옷을 사는 데 큰돈이 필요하지 않기도 하고, 또 빠르게 변하는 유행도 이유가 되겠지만 결국 팔랑거리는 제가 제일 문제입니다. 물론 값이 너무 싸다 보니 관리를 잘못해 옷의 수명을 단축시키는 저도 문제이지요. 한 벌을 사면 한 벌을 버려야겠다고 결심하면서도 결국엔 세 벌을 사야 한 벌 정도를 겨우 버리는 저는, 오늘 명상의 시간을 잠시 가져야 할 것 같네요.

요즘 미니멀리즘이라는 말이 자주 들리잖아요. 저는 그 단어를 볼 때면 안도와 불안의 마음이 교차해요. 저처럼 소비하고 쟁여두고 사는 사람들이 많아서 미니멀리즘이라는 단어가 유행하는 것 같거든요. 거기에서 오는 안도감과 함께 나는 영영 미니멀리즘을 실천할 수 없을 것 같다는 불안함이 함께 있어요. 아무래도 덜 갖는 일이, 더 갖겠다고 말하는 것보다 욕심도 덜해 보이고 자기 관리도 잘하는 사람처럼 보이잖아요. 지향하는 삶과 현생이 일치하는 날이 올까요?

철수샘과 근무한 1년을 되돌아봤는데, 우린 그 학교에 함께 근무하는 동안은 좀 데면데면 했나 봐요. 학년도 근무하는 교무실도 달라서 그런지 샘 옷차림이 생각이 안 나네요. 아, 역시 옷차림은 엄청 중요한 건 아닌가 봐요. 그런데 5월은 초여름인데, 곧 반팔 티셔츠도 좀 사야지 않을까요?

일교차가 큰 4월입니다. 머플러 강추…!

2021년 4월 3일
지향하는 삶과의 간극을 느끼는 구지 드림

철수's Letter
그 날의 옷차림

구지, 안녕?

구지 프로필 사진 속 만우절 풍경이 부럽구나. 난 참 만우절을 멋없게 보냈거든. 학생 한 명쯤은 담임샘이 부른다고 속여보려고 했는데 용기가 안 났어, 힝. 교실에서 책상을 옆으로 눕히고 따라 누운 네 학생들 모습이 귀여워. 얼마 전 네가 보내준 화상 수업 캡처화면에서도, 수업용 본인 화면을 요즘 대세 개그맨 최준 얼굴로 도배를 해놓은 여러 학생들도 귀엽고. 그 귀여운 학생들과 학급 문집 작업을 시작했다는 소식이 반갑네. 멋진 아이들에 멋진 학부모님까지. 첫 문집을 즐겁게 시작하는 걸 응원한다. 역시 널 우리 애들의 담임 선생님으로 점찍어본 내 안목은 훌륭했어.

최근에 날이 엄청 따뜻해. 매일 아침 오늘의 출근 복장을 고민하다가 결국 두툼한 겉옷을 꺼내 입게 되는데, 조금 더 얇게 입어도 후회가 없는 요즘이야. 내가 사랑하는 재킷의 계절이기도 하고. 옷 입을 맛이 나지만 갑자기 추워지기도 하기 때문에 긴장을 놓을 수 없는 시기이기도 하지. 요즘 시국에 몸살이나 감기에 걸렸다가는 이래저래 힘들 테니까 말야.

나의 짝꿍 야근메이트 교무부장님 알지? 아침에는 학교 건물 입구에서 아이들 발열체크를 지도하다 찬바람을 맞고, 난방을 틀지 않은 교실에서 벌벌 떨며 실시간 화상 수업을 종일 하다가 결국 몸살이 나셨어. 코로나 검사 결과가 나올 때까지 병원에서 받아주지 않아 약 처방을 못 받았단 얘길 듣고 정말 걱정이 되더라구. 그래서 봄 재킷을 두 벌 샀단다. (응?) 하지만 두 벌 중 한 벌만 사면 나머지 한 벌이 머릿속에 계속 떠다닐 것 같았다고.

나도 택배를 많이 주문하긴 하는데, 옷은 인터넷으로 잘 사지 않아. 실패 경험이 많기도 하고, 치수를 공들여 재보지 않는 이상 몸에 맞는 옷을 인터넷으로만 보고 고르는 게 싶지 않더라고. 그래서 눈으로 보고, 손으로 만져보고, 직접 입어볼 수 있는 매장 쇼핑을 선호하지. 바쁠 때는 30분 만에 여러 매장을 빠르게 돌며 필요한 옷을 슥슥 골라낸 후 입어보지 않고도 딱 맞는 옷을 척척 사는 기술도 보유하고 있어. 인터넷 쇼핑보다 교환이 쉽다는 점도 매장 쇼핑을 선호하는 이유이지. 퇴근길에 슥 들를 수 있으니까.

나 역시 옷이 많은 것은 부인할 수 없는 사실이고, 옷장

바닥에 아무렇게나 개켜져 있는 옷들을 보면 죄책감을 느끼기도 해. 내가 나에게 투자하는 것 세 가지가 책, 옷, 그리고 손톱이거든. 나는 매일의 나를 다양하게 표현할 수 있는 옷이 좋고, 책을 읽거나 자판을 칠 때 돋보이는 내 손톱을 보는 게 좋아. 아마 내가 아무튼 시리즈를 쓴다면 『아무튼 손톱』일지도. 사실 휴직해서 집에 있을 때는 외출복을 살 이유를 찾지 못해서 근질거렸는데 복직해서 아침에 옷 고를 때는 출근하는 즐거움이 좀 있달까. 그 날 옷이나 머리, 손톱, 신발 중 어느 하나 어긋나면 출근 후 하루 종일 찝찝한 기분이 들 정도로 그 날의 옷차림을 결정하는 일은 나에게 정말 중요한 일이야.

내가 왜 이렇게 옷 입는 걸 좋아하게 됐나 생각해 봤어. 신규교사 시절, 단발머리에 면 티셔츠와 청바지를 입고 출근하는 나를 보고 선배 선생님이 학생과 구분이 되지 않는다고 조심스럽게 조언해 주신 적이 있었어. 그리고 또 어떤 선생님은 여자는 좀 꾸며야 하는데 넌 너무 신경을 안 쓴다고 내게 얘기한 적도 있었지. 지금 생각하면 참 어처구니없는 말인데, 그 말이 내 삶에 알게 모르게 작용한 것도 있는 것 같아. 물론 그 말에 동의한다는 뜻이 아니라, 교사의 옷차림에 대해 생각해보게 된 거지. 그러면서 나를 표현하며 사는 게 좋다고 생각하게 된 것 같아. 그리고 어린 시절 누군가의 말이 아직까지도 머리에 오래 남는 걸 보면 수업시간에 우리가 학생들에게 하는 말도 정말 조심해야겠단 생각이 드네.

앞은 소소한 이유이고, 지금의 나에게 가장 큰 의미로 남은 건 살면서 '형식'도 어느 정도는 중요하다고 생각이 들었기 때문이야. 상황에 맞는 옷차림도 필요하다는 생각 말이지. 교실에서 수업하는 나의 옷차림은 좀 더 신뢰감을 주었으면 해서 최대한 격식있는 차림으로 입곤 해. 동아리 수업이나 체험학습이 있을 때는 움직이기에 편한 복장을 고려하고, 전체 교직원 회의나 연수가 있을 때는 진행을 하게 될 때가 많아서 오피스룩으로 불리는 정장을 즐겨 입는 편이 된 거지. 또 항상 깨끗하고 깔끔하게 입으려고 노력해. 그래야 어떤 상황에서든 내가 하는 말이나, 나라는 사람에게 신망이 좀 더 쌓이는 것 같다고 해야 하나.

물론 내 주관적인 의견이야. 그리고 그게 옷의 가격은 절대 아니야. 알겠지만 내 옷의 95%는 저렴해. 사실 안 그랬음 난 파산했을지도. 물론 편하고 귀여운 복장도 좋아해서 남들이 보기에 내 나이에 맞지 않는 옷차림을 할 때도 많지만 그건 취향이니 논외로 하자. 하하.

그리고 너와 나의 차이점은 우리 학교 학생들은 내 옷차림에 전혀 관심이 없다는 거야. 아니면 내가 학생들과 가깝지 않든가. 가끔은 아이들이 "선생님 오늘 옷이 보기 좋아요."

같은 말도 해주면 좋겠는데. (얘들아, 관심 좀.)

  어쨌든 요즘은 옷 입기 참 즐거운 계절이고 지금 이대로도 충분하니 이번 달 남은 날만큼은 더 이상 옷을 안 사겠음. 약속. 땅땅땅. 내가 옷을 또 사면 구지 네가 내 언니다. 땅땅땅. 그리고 주말엔 옷을 좀 비우겠어. 땅땅땅. 이런, 약속을 너무 많이 했나?

2021년 4월 10일
4월은 옷 안 산다고 다짐하는 철수

구지's Letter
시간과 책임이 필요한 반려

친애하는 철수샘.

철수샘, 안녕하세요. 요즘 어떠세요? 저는 바쁩니다! 요즘 학교에서 만 보를 걷습니다. 홍삼 먹어야겠어요. 체력이 소진되면 아이들에게 쓰는 마음도 같이 소진될까 걱정스러우면서도, 한편으로는 제 삶을 꾸려나갈 체력도 잘 남겨두어야 한다는 생각이 들어요.

제 삶에는 다양한 모습이 있고, 그중 반려묘 둘과의 시간은 아주 큰 부분을 자리하고 있습니다. 학교서 체력을 몽땅 소진하고 오면 반려묘들에게 장난감 한 번 힘껏 흔들어줄 여유가 없는 날이 종종 있습니다. 곁에 와서 부비적거리며 만져달라 보채는 고양이들의 눈망울을 보면, 마음이 짠해지고 미안해집니다. 그렇지만 그 마음도 금세 피로에 져버리죠. 언니 좀 쉬자며 고양이들을 끌어안고 누워버리는 저녁 시간이 반복되는 4월입니다.

'반려'를 사전에서 찾아보고 왔어요. '생각이나 행동을 함께 하는 짝이나 동무, 항상 가까이하거나 가지고 다니는 물건을 비유적으로 이르는 말'이라고 합니다. 신기하네요. 저는 반려에 있어 가장 중요한 것은 시간과 책임이라고 생각했거든요. 무엇 때문일까. 제게는 반려인보다 반려묘가 가까워 그런 듯싶어요.

반려묘와 지내기 시작한 지도 어느덧 14년의 시간이 흘렀습니다. 처음 식구를 들일 때도 분명 진지한 마음이었겠지만, 지금의 마음과 비교하면 그 무게는 가벼웠던 것 같아요. 현재의 마음을 지닌 채, 과거로 돌아간다면 쉬이 반려묘를 들이지 못했을 수도 있겠다 싶을 때가 있습니다. 오롯하게 혼자 책임져야 하는 생명, 나의 조력 없이는 삶을 영위하는 일이 제한적일 수밖에 없는 존재. 저의 많은 부분을 가장 가깝게 나누며 살아가고 있음에도 불구하고, 여러 현실적인 이유로 후순위로 밀려나 기다리는 역할을 주로 맡게 된 작고 귀여운, 나의 고양이들.

두 마리의 고양이는 저와 많이 닮았습니다. 정신없이 까불다가도 픽하고 쓰러져 잠들어 버리는 체력, 처음 보는 이에게는 제 모습을 드러내지 않고 한참 숨어 동태를 살피다 안전한 사람들이란 마음이 들면 배까지 냉큼 내주는 경계 없음, 침대를 좋아하고 서로 등을 맞붙이고 자는 시간을 행복해하는 점까지.

반려묘와 함께 살게 되면서 나의 뜻대로 할 수 없는 살아 있는 생명체와 시간과 장소를 공유한다는 것의 의미를 자주 생각합니다. 그러나 이마저도 반려묘의 의지보다는 저의 선택이 주를 이루고 있다는 점을 외면할 수는 없어요. 저희 두 묘르신에게는 저보다 좋은 선택지가 있었을 수도 있는데, 본인의 의지와 상관없이 저와 함께 체온을 나누며 살아가게 된 거잖아요. 미안한 마음이 들 때가 있어요.

반려묘와 생활하며, 책임은 추상의 단어가 아님을 깨닫습니다. 아주 구체적이에요. 분명히 보이거든요. 시간을 내어 몸을 움직이고 돈을 써야 해요. 계획하지 못한 응급 상황에서도요. 함께 행복하려면 신경 쓸 일이 아주 많아요. 그러나 저의 수고로움에 비해 반려묘에게 나누어 받는 체온과 안정감, 삶에 대한 책임감, 사랑스러운 다정함이 얼마나 큰가를 생각하면 다 괜찮아져요.

얼마 전 카카오톡 프로필에 자신의 반려 동물 사진을 올려놓은 친구가 아래에 이런 글귀를 적어 놓았더라고요. '너 잘 지내라고 엄마가 돈 벌어.' 저도 여기에 공감해요. 물론 혼자서 잘 살아가는 사람도 많이 있겠죠. 그러나 저는 반려묘가 있기에 제 삶을 좀 더 잘 꾸려나갈 수 있는 것 같아요. 창가에 예쁜 캣타워를 놓아주고 싶고, 좀 더 넓은 침대에서 서로를 밀어내지 않고도 편안하게 잠들고 싶으며, 전자동으로 된 엄청 비싼 화장실도 사주고 싶어요. 모두 제가 제 삶을 잘 꾸려나가야만 꿀 수 있는 꿈이겠죠.

    저는 이 편지를 보내고 잠깐 다시 자야겠습니다. 다시 잠들어도 된다니 토요일 아침에 쓰는 편지는 행복이군요. 편안한 주말 보내세요.

2021년 4월 17일
묘르신들과 이십 년만 더 살고 싶은 구지 드림

철수's Letter
향후 내 반려 명단에 들어갈 너에게

구지, 안녕?

4월 중순이 되니 이것저것 진행해야 하는 일들이 많이 생기네. 각종 회의가 있고, 거기다 확진자 발생으로 학교 일정이 급히 달라지고, 또 그러다 문득 창문 밖에 활짝 핀 꽃을 보기도 하고, 다시 모니터로 고개를 돌려 공문을 처리하고, 교직원 연수에 필요한 물품을 주문하고, 교직원 연수를 진행하고, 선생님들 수업을 서로 참관하는 동료장학 일정 점검에, 그리고 또 수행평가… 나도 학교서는 숨 가쁘게 6,000보쯤 걷고, 주말에는 겨우 300보를 걷는, 그러니까 누워만 있는 나날이 반복된다. 날이 따뜻해져서 안에 반팔을 입기도 하는 참 날씨 좋은 요즘, 옷 입을 때 신나는 것 정도가 일상의 긍정적인 면일까? (다행히도 아직까지 새 옷을 사지 않았어. 음하하, 너는 아직 내 동생이야.)

지난주에는 내가 너무 앉아서 일만 한다고 옆 부서 선생님들이 강제로 끌고나가 광합성을 시켜주시더구나. 우리 부서의 기획 선생님은 나를 본인 차에 태워서 칼퇴근을 하게 하려고 호시탐탐 기회를 노리지. 반려의 뜻이 '생각이나 행동을 함께 하는 짝이나 동무'라고 했지? 나는 올해 좋은 반려들과 함께 하고 있어.

그리고 나는 벌써 13년째 같이 사는 반려자가 있네. 결혼 전에 1년 남짓 만났으니 벌써 15년 가까이 알고 지낸 사이가 되었어. 부모님이나 형제, 친구보다 더 가깝고 속속들이 잘 안다고 생각하면서도, 또 어떤 날은 무척 조심스럽게 느껴지는 이 사람에 대해서 오늘은 이야기를 해보고 싶어.

서로의 반려가 되기 위해서는 어떤 단계들이 필요할까? '반려'라는 단어에 시간과 책임의 의미가 강조되어야 할 것 같다는 네 말에 격하게 공감해. 우리 관계에서 시간도 필요했고, 책임도 져야했던 나날들이 주마등같이 흘러가네. 지금의 안정된 반려 사이가 되기까지 정말 지독하게도 싸우고 화해하고 서로에게 익숙해지기를 반복했지. 돌아보면 우리는 결혼 제도와 양육이라는 책임으로 묶인 사이이기도 했고, (귀찮지만) 서로를 시간을 들여 챙기기도 해야 하는 사이였어. 알아서 잘 살았으면 좋겠는데 음… 큰아들 챙기듯이 챙겨야 하는 존재. 물론 반대로 그에게 나는 막내딸과 같겠지.

우선 우리의 시간을 풀어볼까. 이 사람과는 여느 연인들처럼 사랑하고 싸우고 하다가 시기가 되어서(?) 결혼을 하게 됐어. 처음엔 서로 배려하며 지냈는데 오래 생활하다 보니 성향 차이가 느껴지는 거야. 나는 정리는 좀 하지만 청소를 싫어하지. 빨래통에 들어있지 않고 아무 데나 널부러져 있는 옷가지나 양말을 보면 신경이 쓰이고 무언가 제자리에 있지 않으면 못 견뎌서 정리하는 편인데, 굴러다니는 구름 먼지나 머리카락은 봐도 크게 스트레스를 받진 않는 성격이야. 주말이면 꼼짝 안 하고 누워있고만 싶고. 책읽기나 영상 시청 등 누워서 하는 모든 걸 사랑하지. 에너지가 들어가는 요리나 운동은 정말 잘 못하는 성격.

반대로 그이는 옷이나 양말은 아무 데나 벗어놓고, 혼자 뭘 먹고 나서 뒤처리를 하지 않고 식탁에 그대로 놓아두는 사람이야, 그걸 치우는 건 내 몫이라고. 하지만 주말마다 온 집안을 꼼꼼히 쓸고 닦고, 청소를 좀 더 쉽게 하기 위해 청소 관련 용품을 항상 다양하게 쇼핑하는 사람이기도 하지. 주말이면 운동을 가거나 자전거 라이딩을 하는 등 자기 관리 끝판왕인데 운동하지 않는 나에게 늘 잔소리가 심하고 말야. 체력왕이랑 약골이 함께 살고 있는 셈이야.

이렇게 다르니 싸우기도 많이 싸웠는데 우리가 주로 싸운 일들은 이래. 그는 청소를 열심히 하는데, 그에 비해 나는 집안일 하나씩을 겨우 해내는 것을 이해하지 못하고 면박을 주곤 했어. 빨래는 세탁기가 하는데 왜 그리 힘들어하냐는 식. 나는 그가 청소는 그렇게 하면서 왜 자기가 한 것들 뒷정리는 못하는 걸까 투덜거렸고. 또 내가 요리를 잘 안 하지만 음식 재료는 잘 사놓다보니 냉장고에서 식재료가 썩어가거나 유통기한을 넘길 때가 많았고 그는 그걸 못마땅해 했지. 나는 요리는 왜 나만 해야 하는 것인지 강하게 항의하기도 했어.

성격도 좀 달라서 부딪혔어. 나는 친절하긴 해도 다른 사람의 변화에 둔한 편이고, 세상사에도 관심이 덜해. 큰 감정 변화 없이 묵묵히 맡은 일을 하는 사람이며, 화가 나더라도 차분한 성격인 데다 매사에 리액션이 좀 덜한 사람이거든. 이 사람은 동네 반찬가게 주인의 머리 모양 변화도 알아채고 말을 건넬 정도로 상당히 섬세한 사람이고, 성격이 예민한 편이라 불면이나 강박이 가끔 있으며, 본인이 공격받는다고 생각이 들 경우 갑자기 욱할 때도 많은 성격이야. 내 말투나 표정이 평소와 조금만 달라도 무슨 일 있냐며 알아채는 사람이었지만 나는 그러지 못했어. 그이는 자신의 일상을 내가 잘 들어주길 바랐는데 나는 그것보다 이 사람이 혹시 회사나 밖에서 누군가와 시비가 붙진 않을까 걱정하며 살았지.

서로 마음에 안 드는 부분들이 쌓이고, 그걸 지적하고, 서운해 하고 그런 날들이 지속됐어. 직업도 다르니까 서로가 하는 일에 대한 이해도도 떨어지고, 싸우면 일주일간 대화도 안

하는 날들이 많았지. 한참 동안은 내가 선택한 결혼생활이니 이혼은 안 하겠단 심정으로 하루하루를 버티던 시기도 있었어. 아무래도 본래 남이니까 갈등 상황이 닥치면 상대의 마음은 생각 않고 바닥까지 내보이면서 날카로운 말로 상처를 주기도 하고, 죽일 듯이 미워하기도 했다가 자녀에 기대서 대화를 간신히 이어가던 시기도 있었네. 아빠 식사하시라고 해라. 아빠 오늘 늦는다고 해라. 뭐, 이런 식으로.

그러다 어느 지점부터는 서로를 바꿀 수 없다는 사실을 깨달았지. 긴 세월이 준 깨달음일 거야. 성격 차이로 이혼을 할 게 아니라면 이대로는 안 되겠다 싶어서, 또 아이들에게도 불안감을 주고 싶지 않았기에 어느 날은 서로에게 최소한으로 바라는 점을 이야기해봤어. 나의 부족, 상대의 부족함을 알고 노력하기로 했지.

나의 노력은, 냉장고 청소를 주기적으로 음, 남편이 알아차리기 전에 하기 시작했고, 남편이 집안 청소를 시작하면 옆에 따라다니면서 도울 일을 찾았지. 남편도 노력하기 시작했는데 아직 양말은 못 고쳤지만 적어도 내가 겨우 해내는 일들을 더 이상 면박주지 않고, 내가 평일이나 주말에 쓰러져 잠들어 있으면 본인이 할 수 있는 집안일을 다 해놓고 난 후에 괜찮냐고 걱정 어린 말을 건네는 사람이 되었어. 이젠 일상에 균형이 잡히고, 전에 없던 편안함을 느끼게 되면서 평화가 찾아온 시기랄까. 하, 그렇지만 지금의 안정된 관계가 되기까지 격한 싸움과 깊은 대화를 많이 반복했던 파란만장한 역사가 있었던 것도 사실.

오랜 싸움과 대화로 인해 깨닫게 된 사실은 우린 서로의 '존재감을 인정하고 인정 받는' 과정이 필요했다는 거야. 일정한 양의 시간을 투자해서, 상대의 존재에 대해 생각하고 고민해보는 시간을 갖는 거. 서로 다름을 인정하고, 상대의 가치를 인정하는 말을 의식하듯 자주 해주는 거. 당신이 가족을 위해 집을 청소해 주니까 정말 좋아. 이 말 한 마디를 신경 써서 하는 거. 덧붙여 그에게 여름 옷이나 새 신발이 필요하지 않을지 관심을 갖는 거, 우리는 다른 존재니까 시간을 들여 일상을 공유하고, 문제는 꼭 대화로 풀고, 친구이기도 하지만 사랑하는 사이임을 언제나 각성하는 것도.(그래, 솔직히 이제는 자꾸 각성해야 한단다.) 반려가 되기 위해 내게는 그런 인정이 필요했던 거 같아. 나와 남편은 15년 가까운 세월 동안 서로의 삶에 어느 정도 책임이 있다는 것을 몸으로 생생하게 배웠지.

너와 닮은 두 마리 고양이처럼 이제 우리도 반 정도는 닮은 모습이 보여. 처음엔 외모도 성격도 정말 다르다고 생각했는데 이젠 오래 알아서인지 서로가 닮아가고, 닮고싶은 점도 보인다는 게 희한해. 남편은 회사를 다녀서 그런지 내가 속한 교사 조직의 평등한 문화에 대해서는 약간 신기해 하거나 주로 왜 그런지 모르겠다고 하거든. 그래도 끊임없이 공부하고 싶어하는 내 모습을 인정해주고 지지해줘. 숙박 연수도 그리 어렵지 않게 다녀올 수 있고, 매달 많이 소비하는 책값도 쿨하게 받아들이지. 또 남편의 젠더의식이 아쉬울 때가 많지만 내가 토로하는 학교일의 어려움, 학생 지도의 힘듦, 동료와의 불화에 격하게 공감해주거나, 상대의 입장을 심리학적으로 접근해줘서 남편과 대화하는 게 점점 재밌어. 본인의 욱하는 면 때문에 그 원인을 찾고 싶어서 꾸준히 심리학에 관심을 가져온 사람이라 금액이 꽤 들어가는 심리 치료 과정을 공부하고 싶다고 얘기했을 때, 나도 흔쾌히 그러라고 했지. 나 역시 그런 모습을 좋아하고 존중하는 마음이 커서 그럴 거야.

평온해졌다고는 하지만 오늘 아침만 해도 남편은 식물에 무슨 반려라는 이름을 붙이냐고 얘기하고, 나는 당연히 식물이 반려가 맞지 하고 받아치며 서로 참 다르다고 느끼지. 그래도 늘 나에게 뉴스 좀 보고 운동 좀 하라고 잔소리를 하다가도, 내가 잡은 주말 약속을 위해 기꺼이 지하철역까지 자전거로 바래다주는 낭만을 가진, 즐겁게 놀다오라는 다정함도 빼놓지 않는 이 반려자를 지금은, 다시 사랑하고 있는 것 같아. 헤헷.

아, 시간과 책임이 중요하다는 말은 반려 식물들을 매년 떠나보내면서도 죄를 잊고 다시 집에 맞아들이는 나를 질책하게 하는 말이기도 하구나. 고양이 두 마리를 건사하는 네 책임감에 존경을 표할게. 제목에도 썼는데 나는 구지 널 오래 볼 것 같은 생각이 들어. 경험상 오랜 반려의 단계까지 가려면 격하게 싸우고 화해하는 과정이 필요하더라구. 우리 나중의 오랜 평화를 위해 언제 지독하게 한번 바닥까지 싸우자.

2021년 4월 24일
질 것 같지만 도전장을 던져보는 철수

수업의
한가운데

구지's Letter
국어 문법을 배우는 시간

친애하는 철수샘.

어느덧 5월이에요. 완연한 봄인 듯 생각되다가도 아침이면 여전히 초봄인 양 이불을 목까지 끌어올리게 됩니다.

서늘한 아침, 따뜻한 커피를 내려 마시며 철수샘이 보내준 편지를 다시 읽어보았습니다. 향후 반려 명단에 제가 들어간다는 점이 몹시 감동이에요. 더불어 오랜 평화를 위해 지독하게 싸우자는 말도 기억에 남습니다. '비 온 뒤에 땅이 굳어진다.'라는 말이 생각나네요. 싸우고 난 후 단단해지려면 제대로 화해하고 서로를 보듬는 시간이 필요하겠죠. 잘 싸우기도 어렵지만 굳어지는 땅은 선물 같아요. 쉽지 않아요. 싸움에도 갈등을 해결하는 일에도 마음이 필요합니다만, 저는 겪기 전에 지레 겁먹고 관계를 먼저 놓아버린 적이 많았던 것 같아요. 그렇지만 철수샘과 저의 미래가 더욱 단단해질 수 있다면 우리 한번 격렬하게 싸우고 찐하게 화해해 봅시다. 그나저나 무슨 일로 싸우죠?

　4월은 중간고사 진도를 바쁘게 나가는 날이었습니다. 3학년 국어 선생님은 저 포함 두 명입니다. 한 분의 국어 선생님은 문학 단원을, 저는 문법 단원을 맡고 있습니다. 학생들은 어제 배운 개념도 오늘이면 새롭게 낯설어했어요. 같은 사람인데 옷을 달리 입으면 감쪽같이 못 알아보는 낯가림 심한 어린 고양이들 같이요. 작년에 다룬 개념이니까, 확인만 하겠다고 시작한 내용을 한 시간 내도록 복습하기도 했습니다.

　국어의 묘미는 문학이라고도 하지만 저는 문법을 가르치는 시간이 정말 좋아요. 외국어를 처음 배우는 학생들의 눈빛이 이럴까 싶은 기분을 느끼곤 하거든요. 곧장 따라와 주는 학생은 기특하고, 헤매지만 끙끙대며 노력하는 학생은 대견하며, 계속 처음으로 돌아가 질문하는 학생은 어떻게든 알게 해주고 싶어요. 문법을 가르치는 동안은 강의식 수업으로, 아이들이 제대로 이해하고 있는지 점검하는 활동이 주를 이룹니다.

　도입, 내용 학습, 확인 퀴즈 및 마무리 학습이 한 차시 안에 빠짐없이 들어가도록 수업을 계획하지만, 실제 수업은 계획대로 되지 않습니다. 제가 구상한 수업 진도를 나가는 데 급급하기보다, 이해하지 못한 학생들의 빈틈을 채워주다 보니 번번이 그랬습니다. 그러다 보니 도입, 내용 전개를 시작했다 다시 처음으로 돌아가 복습, 복습, 복습, 복습하고 종 치는 나

날을 많이 보내게 됐어요. 한 번에 알차게 가르치지 못했다는 반성도 많이 했는데, 내가 한 단원을 가르쳤다는 의미보다 한 학생이라도 더 정확하게 아는 게 중요하다고 생각의 방향을 바꾸었더니 마음이 좀 편안해졌습니다. 실제로도 잘하고 있는 건지는 모르겠지만, 학생들이 문법 단원 공부하는 재미를 알게 되었다고 하니 좋은 거라 믿기로 했습니다. 처음엔 문학 단원이 더 쉽다던 학생들이 시험을 앞두고는 문법 단원에 자신이 생겼다고 말해주었으니까!

그런 믿음으로 하루하루 살아가고 있습니다. 그제는 국어 시험이었습니다. 시험 종료 후, 국어 시험을 잘 봤다며 자신의 점수를 자랑하러 달려온 학생들을 보며 행복했어요. 이게 뭐라고 이렇게 좋을까? 싶은 4월의 마무리였어요.

이제 5월이고, 학부모님들께 받은 편지를 다음 주 학생들에게 공개할 예정입니다. 전 설레고 떨리는데 우리 반 아이들도 기쁘게 받아주면 좋겠어요. 더불어 5월에는 주장하는 글쓰기를 가르칠 예정입니다. 고민하고 있지만 수업 구상이 잘 안 되어 헤매는 중입니다. 철수샘의 팁을 나눠주세요!

철수샘의 4월은 어땠나요? 샘의 수업도 제게 들려주세요.

> 2021년 5월 1일
> 수업을 잘하고 싶은 구지 드림

철수's Letter
봄에는 '시' 수업을

구지 안녕?

5월인데 덥다가 춥다가 하네. 지난 편지에 날씨 참 좋다고 했더니 바로 이런다. 응급실에서 '오늘 환자가 별로 없네요.' 이런 말 하면 안 된다던데 그런 건가. 어쨌든 감기에 걸리지 않으려고 스카프를 둘러메고, 재킷을 꼭 입고, 밤에는 온수매트를 뜨끈하게 켜놓고 자는 매일이야.

봄에는 역시 '시' 아니겠니. 4월 동안 3학년 아이들과 '시 처방' 수업을 했어. 시 처방은 '시요일'이라는 플랫폼에서 처음 시작된 프로그램인데, 김현 시인의 '시(詩) 처방전'이란 이름으로 연재되었던 걸로 기억해. 독자가 응모한 사연들 중 시인이 직접 몇 편을 뽑아서 그에 맞는 시를 추천해주고, 해당 사연에 대한 시인만의 위로를 건네는 거야. 독서교육 연수에서 이걸 수업에 활용하고 소개해주신 선생님들이 있어서 눈여겨 보았다가 나도 해보기로 했지.

먼저 아이들에게 작은 쪽지를 나눠주고 요즘 자신의 고민을 익명 아이디로 적어서 내게 해. 그렇게 모인 사연들을 다시 무작위로 뽑는데, 그 사연을 고른 사람이 자신의 실명을 걸고 사연자에게 고민 해결에 도움이 되거나 위로가 될 만한 시를 골라주는 거야. 그리고 그에 맞게 짧은 처방전을 써 주는 거지. '이 시를 어떤 마음으로 골랐으니 부디 위로가 되길 바란다'는 마음이 담긴 처방전을 약봉투에 담아 원래 사연자에게 돌아가도록 전달해. 약봉투를 만드는 게 조금 번거롭긴 하지만, 정말 약을 복용하는 것처럼 시를 받아들 수 있어서 참 좋아. 약봉투에는 '취침, 아침, 항상' 등의 문구가 있어서 아이들이 직접 이 시를 언제 읽으면 좋겠다는 표시를 하는데 정말 약사가 된 기분을 느끼며 아이들이 재밌어했어.

예를 들어 뿌링클 치킨을 시킬지 황금올리브 치킨을 시킬지 고민하는 사연자에게 이장근의 「변비가 생긴 이유」라는 시를 처방하며, 너무 많이 먹으면 배탈이 날 수 있으니 이번엔 로제떡볶이를 추천한다는 깜찍한 처방이 있었어. 그런가 하면, 자해 충동이 늘고 있다는 무거운 사연에 이장근의 「내 마음에 선인장이 자란다」라는 시를 꾹꾹 눌러 적어주며 '본인도 나쁜 생각을 한 적이 있다, 하지만 모든 사람이 겪는 것이니 치료를 받아보거나 원인을 생각해보거나 그래도 불안하면 무한도전을 보는 것도 좋다'라고 따뜻한 조언을 해주는 녀석도 있었지. 또 고등학교 입시 준비에 불안하다는 사연에는 이장근의 시 「줄넘기」를 추천하며 발목에 걸린 일들은 자신감을 가지고 넘어버리라는 조언을 해주는 녀석도 있었어. 읽다보면 이 친구들이 너무나 사랑스러워 어쩔 줄 모르게 된다. 그러고 보니 세 사연 모두 이장근 시인의 시군. 알고 보니 이장근님, 시 처방계의 명의셨어.

물론 모든 학생이 이렇게 잘 쓰지는 못해. 그래서 처방전을 돌려주기 전에 "너희의 고민에 비해 처방이 가벼울 수 있어. 친구들이 전문가가 아니니까 이해해주자."하고 마음의 준비를 단단히 시키는 편이야. 미리 살펴보고 혹여 처방이 비어 있을 경우엔 내가 열심히 찾아서 적어주기도 해. 그래도 전체적으로 보면 처방할 시를 고르기 위해서 열심히 시집을 읽고 있는 모습이 참 아름다워. 시에서 처방 구절을 잘 뽑아내는 친구들은 기특하기도 하고. 또 나중에 후기를 보면 따뜻한 처방에 위로를 받았다는 반응도 많아서, 학생들에게도 교사에게도 만족스러운 활동이라고 생각해. 구지샘에게도 추천합니다.

2학년 아이들과는 '시 경험쓰기' 수업을 했는데 이것 역시 수업에 먼저 시도해 보신 선생님들께 연수 때 배워서 몇 해 동안 꾸준히 하고 있는 활동이야. 아이들은 시집을 읽으며 자신의 경험과 맞닿은 시를 고르고, 시를 출발점 삼아 자기 경험을 글로 풀어놓지. 이번에는 특히 시의 화자에 주목해서 시를 감상할 수 있는 활동으로 진행했어. 아직 채점하기 전인데 이번에는 또 얼마나 나를 흔드는 아이들의 글을 만나게 될지 기대가 돼. 가끔 너무 내밀한 경험을 만나기도 해서 평가할 때 마음이 힘들기도 하지만, 글 속에 담긴 아이들의 삶을 들여다보는 게 진짜 좋아. 게다가 올해 2학년 수업에서는 별것 아닌 상황에도 까르르 웃어주는 애들을 만났어. 그래서 이 활동도 유쾌하지 않을까 기대가 되네.

올해는 맡은 업무도 그렇고 수업하는 반도 그렇고 느낌이 좋아. 아, 왠지 이런 말 하면 안 되는 것 같은데 데자뷰가…. 음, 나만 잘하면 되겠지?

편지를 다 쓰고 다시 읽는데, 아… 호칭을 '언니'로 시작했어야 했다는 오류를 파악했어. 3일을 못 기다리고 품절 임박 치마를 인터넷으로 주문한 과거의 나 어딨니. 언니…, 한 입으로 두 말 해서 미안한데 싸우자는 말은 잊어주세요. 문법 수업도 잘하는 언니를 제가 말로 어떻게 이겨요. 그리고 주장하는 글쓰기는 나보다 언니가 더 잘하지 않나요? 게다가 전 원래 싸움을 좋아하지 않아요. 우리 싸우지 말고 오래오래 사이좋게 지내요. 호호.

2021년 5월 8일
그래도 계속 언니로 남고 싶은 철수

구지's Letter
중간고사가 남긴 두통

친애하는 철수샘!

중간고사가 무사히 끝났습니다. 채점도 다 했고요. 민원이 들어오지는 않을까, 일어나지 않은 미래의 일로 불안에 떨던 시간이 실제로 일어나지 않았음에 안도하는 요 며칠이었습니다. 이제는 성적표 배부만 남겨두고 있습니다. 이쯤 되면, '무사히'라 말해도 괜찮은 거겠죠?

국어 시험 전날은 쿵쿵대는 심장 탓에 잠을 잘 자지 못하고 뒤척입니다. 미처 발견하지 못한 실수가 있지는 않을까, 학생들이 중의적으로 해석할 수 있는 문장을 쓰지는 않았을까, 시험 날 아무 문제도 없어야 할 텐데……. 이런 고민은 몇 년 차쯤 되면 사라질까요? 시험이 사라지지 않는 한 계속 안고 가야 하는 일일까요? 저의 불안은 시험이 끝나고 백 점을 맞은 국어 시험지를 든 학생들이 제 점수를 자랑하기 위해 교무실을 들르고 나면 그제야 조금씩 사그라듭니다. 가르친 내용을 학생들이 시험에 잘 적용하여 풀어냈다는 걸 확인하게 되어 그런가 봐요.

이번 시험은 어느 때보다 서술형 채점을 하면서 스트레스가 많았습니다. 교감 선생님께서 교사들이 채점을 끝낸 서술형 답지 모두를 하나하나 검사하셨기 때문입니다. 물론 검사와 상관없이 학생들이 받게 되는 성적에 실수가 있으면 안 되죠. 그런데 제가 스트레스를 받은 이유는 교감 선생님의 답안지 검토 때문만은 아닙니다.

서술형 문항은 한 문제 안에도 작은 문항들이 포함되어 있기도 하잖아요. 예를 들어 1번 문제에 3개의 소문항이 있다면, 각 2점씩 총 6점이라는 것을 표시해줘야 어떤 문제가 틀렸고 어떤 문제를 맞았는지 한눈에 확인할 수 있습니다. 그런데 교감 선생님께서는 교육청의 지침상 작은 문항에 대한 채점의 흔적을 답안지 어디에도 남겨서는 안 된다고 하셨어요. 합리적이지 않은 지침이라고 말씀드려 보았으나 큰 문항이 맞았는지 틀렸는지만 답지에 기록되어야 한다는 답변만 돌아왔습니다. 이 이야기를 1반 답안지 채점을 끝낸 후에 듣게 된 저는, 어쩔 줄을 모르겠더라고요. 기존에 해오던 대로 1반 서술형 답안지는 소문항 채점이 세밀하게 되어 있었거든요. 소문항을 채점한 부분에 교사의 도장을 찍어서 오기를 정정하면 된다고 하셨지만, 제 이름이 선명하게 찍힌 도장으로 가득한 1반 답안지를 보고 있으니 얼굴이 화끈거렸습니다. 제 도장으로 가득한 답안지가 꼭 저의 잘못이 범벅된 것처럼 보여 싫었어요. 학생들과 서술형 채점 결과를 확인할 때에는 어디에서 어떤 부분이 틀렸는지를 명확하게 보여주어야 하는데 소문항 채점 흔적을 남길 수 없으니 포스트잇에 이유를 하나하나 써 붙여야 했고, 당연히 시간은 오래 걸릴 수밖에 없었습니다.

답안지의 원형을 보존하는 것도 분명 의미가 있는 일이겠지만, 이것이 합리적인 지침인가 자꾸만 의문이 들었습니다. 목요일과 금요일에 시험을 치르고 월요일에 정오표가 나가야 하는 촉박한 일정이었기에, 시간이 오래 걸리는 채점은 저를 더욱 지치게 했고, 서술형 답안 채점을 위한 초과근무가 불가하다는 점도 마음을 조급하게 만들었어요. 여러 모로 고된 일정 속에서 겨우겨우 채점을 끝냈고, 수정 작업한 답안지에 도장을 찍은 후 드디어 성적 확인을 마쳤습니다.

시험 기간의 스트레스는 크게 세 가지로 나눌 수 있을 것 같아요. 시험 문제 출제의 어려움, 학생들이 시험을 치르는 동안의 불안감, 서술형 답안지 채점의 까다로움으로요. 보통은 출제와 시험 치르는 45분이 주는 스트레스가 극심했습니다만 올해는 달랐습니다. 채점하는 동안이 힘들었어요. 채점도 채점이지만 눈치를 보느라 더 그랬어요. 기간제 교사라는 제 직업이 저를 더 그렇게 만들더라고요. 교감 선생님께서 채점 교사들을 몇 차례씩 불러 이것저것 지적하신 후, 도장을 찍게 하셨거든요.

물론 실수한 부분을 수정하는 건 당연히 해야 하는 일이고, 잘못한 부분이 있으면 책임을 져야 하는 것도 알고 있습니다. 그런데 이상할 정도로 마음과 몸이 바닥으로 내려앉는 거죠. 왜 그럴까를 고민해 보았는데, 제가 이번 시험 출제 교사 중 기간제 교사가 몇인지를 계산하고 있더라고요. 이번의 실수가 다음 해의 채용에 영향을 미치는 건 아닐까, 정교사라면 다음에 만회할 기회가 주어지겠지만, 기간제 교사인 내게는 그럴 시간조차 없는 건 아닐까. 교감 선생님께 불려간 기간제 교사가 나 혼자인 건 아닐까······.

채점 교사로 교감 선생님께 불려 가 설명을 듣는데, 일 못하는 교사로 찍히지는 않을까 하는 불안한 생각이 끊이지 않았습니다. 꼼꼼하게 본다고 했는데도 이백 명이 넘는 학생의 답안지 속에 꼭 하나 두 개씩 수정 후 도장 찍기를 놓친 부분이 나오더라고요. 난 왜 이렇게 꼼꼼하지 못하게 일을 처리한 것인지, 정교사들도 나만큼 스트레스를 받을지, 그러나 그들은 스트레스를 받아도 다음 해 채용까지 불안해하지는 않겠지, 까지 생각이 나아가는 저를 보며 좀 그랬어요. 나는 실수를 하면 안 되는 사람이겠구나. 기간제 교사의 실수를 이해하고 허용하는 관리자를 만나면 한번 지나가는 실수가 될 수도 있겠지만, 실수에 너그럽지 못한 관리자를 만나면 나는 어떻게 되는 걸까.

잘하고 싶은데 잘못하는 것 같고, 잘못하는 걸 모두가 알고 있는 것 같고, 자꾸만 작아지는 중간고사 기간이었습니다.

철수샘, 실수하지 않는 법, 실수에 엄격한 관리자를 대처하는 팁이라는 게 있다면 부디 제게도 알려주세요. 마음이 점점 작아지고 있습니다.

아, 편지를 마무리하려 했는데 오늘이 스승의 날이네요! 올해 스승의 날은 토요일이라 학생들과의 이벤트는 없을 줄 알았어요. 더군다나 원격수업 기간이었거든요. 그런데 금요일 오후, 집에서 원격수업을 마친 우리 반 학생 몇몇이 학교에 들러 저를 보고 갔습니다. 일부러 왔대요. 대단한 말을 건네거나 긴 대화를 나누지는 못했어요. 쭈뼛거리며 부끄러워하다 "그냥 지나갈 수가 없어서 오긴 했는데"라고 말을 시작하더니 "스승의 날 축하드려요!" 말하고는 후다닥 뛰어가 버렸습니다. 그 마음이 고맙고 예뻤어요. 스트레스 속에 파묻혀있던 나날도 학생들의 말과 태도에 울컥하고 스르르 다 풀어집니다. 힘이 들더라도 이 직업을 계속하고 싶은 욕심이 생겨요.

철수샘, 사람의 마음은 하루에도 양달과 응달을 오가는 모양이에요. 마음이 한 곳에만 머물지 않는다는 걸 이제는 경험으로 알고 있지만, 그래도 이 일을 하는 동안만큼은 따뜻한 햇볕을 받는 시간이 더 길었으면 좋겠습니다.

    철수샘, 스승의 날 축하드려요. 우리 행복합시다!

2021년 5월 15일
위로가 필요한 구지 드림

철수's Letter

국어는 주요과목인데 중간고사를 안 본다니요

구지, 안녕?

비도 왔지만 맑은 날도 많은 청명한 5월이야. 부처님도 평일에 오셔서 딸이랑 이렇게 수요일마다 쉬면 좋겠다는 이야기도 했어. 그런데 월요일이 두 번 오는 기분이라 다음 날 수업할 때 나도 아이들도 좀 피곤하긴 했지. 비가 오는 날도, 맑은 날도 옷 입는 게 여전히 즐겁다. 5월을 맞아 새로 산 분홍색 틴트가 너무 마음에 들어서 매번 혼자 감탄하고 있어. 마스크 때문에 누군가에게 보여줄 수도 없는데 말야. 뭔가 내 생활에 여유가 생겼다는 반증일까?

중간고사를 치르면서 마음 고생을 많이 한 네 글을 읽으며, 관리자가 교사 한 명씩 부르는 거 좀 너무했다는 생각을 하며, 다음에는 작은 문제 절대 안 낼 거라고 나에게 톡으로 말했던 너에게 격한 공감과 안쓰러움을 느끼며, 그 사이에서 자존감도 낮아졌을 우리 구지에게 무슨 말을 해줄까 생각했는데…. 음, 실수하지 않는 법, 아량 없는 관리자에 대처하는 법 따위를 내가 알면 『내가 피곤한 건 너때문입니다』 『서른다섯, 출근하기 싫어졌다』 『교사 번아웃 탈출 매뉴얼』 같은 책을 매달 수권씩 사고 있겠냐는 대답으로 대신해본다. 너도 책 살래? 책장에 꽂힌 책 제목만 봐도 조금은 나아진단다.

우리 학교는 이번에 국어 중간고사를 보지 않았어. 이유는 지금 시행하고 있는 2015 개정교육과정의 핵심인 과정중심평가 확대 때문이야. 지필평가보다 수업 과정 중에 실시하는 수행평가에 더욱 중점을 둘 것을 요구하고 있지. 그래서 여러 교과에서 과정중심평가를 위해 지필평가를 학기당 1회로 하려는 움직임이 시작됐어. 중간고사와 기말고사를 둘 다 보지 않고, 기말고사 1회만 보는 걸로 추진하는 거지. 사실 글쓰기 같은 활동을 한번 하려면 교과서 진도 빼느라고 따로 시간 내기가 어려워 항상 급하게 했던 적이 많거든. 활동 중심 수업을 하려는 여러 교과에서 무척 환영할 만한 교육과정인 셈이야.

지금 돌아보면 개정교육과정이 들어온 초반인 2018년에는 여기저기서 선생님들이 지필평가 1회 쟁취를 위해 고군분투하는 목소리를 들었던 거 같아. 교육과정에 명시되어 있는데도 '쟁취'라고 표현한 이유는, 이걸 학교 현장에서 설득시키기가 매우 어렵기 때문이지. 국어는 주요과목인데 중간고사를 안 본다니 말이 안 된다는 의견부터 교사가 편하려고 하는 것 아니냐, 시험을 한 번만 보면 학생들의 학업성취도가 걱정된다, 학부모 민원은 어떻게 할 거냐 등등 시행하기도 전에 지레 겁먹은 우려들에 부딪혀 좌절된 학교들을 많이 보았어. 우리 학교도 2019년에야 지필 1회를 확정지은 것 같아.

오히려 작년에 코로나 상황이 되면서 '중간고사를 과정중심평가로 실시 권장'이라는 공문이 내려온 이후에야 관리자나 동료교사들이 지필고사 1회를 받아들이게 됐지. 씁쓸하더라구. 물론 시험을 볼 수 있는 상황도 아니었지만, 코로나 때문에 학교의 변화가 앞당겨진 건 분명한 것 같아. 정말 많은 게 바뀌었지. 그럼에도 이런 변화들을 학교 현장에서 온전히 받아들이기는 여전히 쉽지 않고. 2021년에는 조금씩 학교가 정상적으로 운영되기 시작하면서 다시 예전처럼 돌아가려는 움직임이 보이네. 그리고 나부터도 예전의 익숙함을 쉽게 놓지 못하다보니 하나를 바꾸는 데에는 정말 많은 노력이 필요하더라. 특히 구지는 학교에서 목소리를 내기가 더 쉽지 않을 거란 생각도 해.

그래도 제도 하나가 바뀌면 큰 변화가 일어나는 것은 확실하지. 이번에 나는 지필고사 2회 볼 때는 엄두도 못 냈던, 과정중심평가로만 할 수 있는 활동들을 여럿 진행할 용기를 냈어. 그러면서 과거에 받았던 스트레스들이 이번엔 확실히 줄었어. 예전에는 시간을 쪼개서 활동을 한 후 겨우 채점을 하고, 피드백은 꿈도 못 꾸고 기한 내에 점수를 주기에 급급했거든. 그런데 요즘 하고 있는 '시 처방'이나 '시 경험쓰기' 수업은 학생 한 명 한 명의 결과물을 자세히 봐줄 수 있고, 그 사이에 피드백도 주면서 결과물 수정도 해볼 수 있게 수업을 진행하고 있어. 평가 후 잘된 작품을 선별해 모두가 같이 읽기도 하는데, 예전 같으면 시간이 없어서 꿈도 못 꿨을 일이야.

또 곧 '서평 쓰기' 수업을 하려고 준비 중인데 중간고사를 보지 않는 덕분에 미리 여러 책들을 읽어보면서 작품을 고르고 수업 준비를 꼼꼼하게 하고 있어. 중간고사를 봤다면 출제를 위해 쏟아 붓는 시간 때문에 나는 분명히 뭔가 포기하거나, 서둘러 진행하거나, 수행평가를 숙제로 내주는 무리수를 두면서 정신없고 피곤한 일상을 보내고 있겠지. 게다가 담임이라면… 아…. 아무튼 이런 과정 속에서 학생들의 국어 실력이 조금씩 나아지는 것이 느껴지고, 소수이긴 해도 나의 피드백을 통해 해법을 찾은 듯한 아이들의 눈빛을 보면 뿌듯하곤 해.

국어를 잘한다는 건 무슨 뜻일까? 지필고사에서 오지선다형 문제를 잘 맞히는 게 정말 중요한 국어 능력일까? 기본적인 듣기, 말하기, 읽기, 쓰기 능력을 갖추는 게 더 중요하지 않을까? 요즘 매체에 많이 등장하는 '문해력'이라는 게, 그리고 늘 강조되는 문제해결력이나 창의력과 같은 능력은 문제

풀이에서 길러지는 게 아니잖아. 오랫동안 글을 들여다보고, 고민하고, 자기 생각을 생산하는 과정 중심 활동들을 충분히 해보는 것에서 그런 능력들이 키워진다고 나는 확신해. 물론 선다형 문제로 독해능력을 점검하는 것도 의미는 있겠지만, 아이들이 살아갈 미래를 생각해 보면 직접 자기소개 글을 써보고, 면접 상황을 가정해서 자기 생각을 말해보고, 책을 읽고 서평을 쓰면서 생각을 조리있게 정리해 보고, 친구들과 대화하면서 문제가 해결되는 경험을 해보고, 그러면서 성취감을 느끼는 게 중요하잖아. 그런데 이런 활동들이 지필고사를 2번 보면 지속적으로 연결되기가 쉽지 않은 거지. 물론 교사가 아이들의 성장을 도모할 수 있도록 세심하게 관찰하고, 수행평가를 잘 계획해서 실시를 해야겠지. 공부도 많이 해야 하고, 연구도 많이 해야 할 거야.

이런 취지에 공감하는 학교들은 교육구성원 전체의 합의를 통해 수행평가만 100%로 실시하는 학교도 있다고 해. 어떤 학교는 전교생이 독서 프로그램을 진행하고, 전체 학생이 거의 모든 교과에서 내실 있는 과정중심평가를 경험하고 있어 가능한 거겠지만, 실로 놀라운 방향이야. 언젠가는 나도 꼭 수행평가 100%의 국어수업을 해보고 싶어.

어쩌다보니 칼럼 같은 글이 되었네. 부디 중간고사 안 본 걸 자랑하는 글로 생각하지 말길. 아, 내뱉은 말이 있으니 이

제 서평쓰기 수업 준비를 마저 열심히 해야겠다. 지필고사의 비중을 줄이면 교사가 편한 거 아니냐고 하는데, 어우 아이들 작품 전부 꼼꼼하게 읽고 평가하는 걸 안 해본 사람은 모를 거야. 좋은 글을 만나면 감동도 해야 하고, 안 좋은 글을 읽는 것은 그 자체가 스트레… 아, 뭐래니.

사실 글을 어떻게 마무리해야 할지 모르겠어. 진지한 글을 썼더니 뭔가 농담을 해야할 것 같고 막 그래. 구지 너도 틴트 좋아하면 추천해 줄까? 푸하하. 더 이상 쓰면 안 되겠군. 주말 잘 보내. 급하게 끝!

2021년 5월 22일
분홍색 틴트를 추천하는 철수

구지's Letter
평일의 바쁨을 보듬는 주말

친애하는 철수샘.

드디어 주말입니다! 이번 주말에 뭐 하시나요? 저는 이 편지를 쓰고 이비인후과에 다녀온 뒤, 취미로 하는 글쓰기 모임 활동 과제를 제출한 후, 성인이 된 제자를 만나기로 했습니다. 다음 주 수업 준비를 하나도 하지 못해 일요일에는 수업 준비도 해야 합니다. 이번 학기 동안 문법과 주장하는 글쓰기만 가르쳤더니 문학에 감을 잃은 것 같아요. 이육사의 「청포도」를 어떻게 가르쳐야 하나 고민입니다. 좋은 방법이 없을까요?

철수샘의 지난 편지를 다시 읽으면서 평가에 대해 많은 생각을 했습니다. 여러 관점이 있을 수 있지만, 결국 평가가 아니면 학생들의 참여를 이끌지 못할 수도 있겠다는 마음이 드는 날들이 저에게는 종종 있습니다. 수행평가 100%로 평가를 진행하게 되면, 학생들이 수업 활동에 모두 적극적으로 참

여할까요? 의욕적이지 않은 학생들을 점수를 볼모로 협박하는 게 나의 일인가? 하는 생각이 들 때가 있거든요. 점수와 상관 없는, 학생들의 능동적이고 자발적인 참여는 어려운 일일까요? "이거 시험 범위에 들어가요?" "시험 범위 안 들어가면 학습지 버려도 되나요?"라고 물어보는 학생들의 목소리에 자꾸만 멈칫하게 됩니다. 학생들의 반응과 관계없이 소신껏 즐겁게 수업을 꾸려나갈 힘을 얻고 싶지만, 몸도 마음도 쭈글쭈글해지네요.

고양이들 밥을 챙겨주고 다시 침대에 누울 수 있다는 점만으로도 너무나 평화로운 주말 아침입니다. 저에게 한없이 너그러워져요. 분 단위로 바쁘게 움직여야 하는 평일 아침과는 매우 다릅니다. 해야 할 일이 있거나 약속이 없다면 더욱더 늘어질 수 있어요. 저는 지금 평일 동안 밀린 빨래를 돌려놓고 컴퓨터 앞에 앉아 느긋한 마음으로 타자를 치고 있습니다. 하지만 한 가족을 꾸려나가는 철수샘의 주말은 또 다르겠구나 싶어요.

학교에 있는 동안, 평일은 다이나믹합니다. 우리 반 학생들은 요즘 배구에 진심이에요. (체육 선생님 반 아이들은 국어 1등인데, 우리 반 아이들은 체육을 제일 사랑한다네요. 반을 바꿔야 할까요?) 코로나19로 인하여 점심시간과 방과 후 운동장 사용이 금지되었습니다. 학생들끼리 모여 운동을 하다보면 마스크 벗기도 쉽고 아무래도 감염 위험이 커지다보니 내려진 조치입니다. 그러나 운동에 진심인 학생들의 열기를 막을 수 없어 쉬는 시간과 방과 후 시간에 체육 선생님께서 계속 운동장에 나와 우리 반 아이들이 배구하는 걸 봐 주세요. 고맙고 죄송한 마음뿐입니다.

이번 주는 5월치고는 꽤 많은 양의 비가 자주 왔고, 아이들이 배구를 하기엔 배구장에 물웅덩이가 너무 많이 생겨버렸습니다. 비가 그치고 난 후에도 단기간에 없어질 것 같지 않은 크기의 웅덩이들이요. 회장과 부회장이 주축이 되어 소위 염전 밭 노동이 시작되었습니다. 웅덩이의 물을 빼내겠다고 커다란 밀대로 땅을 밀어내는 모습이 염전에서의 노동과 닮아, 그렇게 부르고 있어요. 쉬는 시간마다 맨발로 달려나가는 학생들을 보면 어처구니가 없다가도, 그렇게나 좋다면 나도 좋다 싶어 진흙 발이 된 아이들과 사진을 찍고 놀았습니다. 물론 쉬는 시간과 점심시간만요. 국어 수업에서 몸을 쓸 수 있는 방법이 있으면 학생들이 더 좋아하지 않을까를 고민해 봤지만 영 자신이 없습니다. 마땅한 방법도 생각나지 않고 그 기운을 감당할 체력이 제게 없는 것 같아요.

올해 우리 반 아이들은 어쩐 일인지 주말이면 제게 전화를 종종 합니다. 저들끼리 무리 지어 놀다가 제 생각이 나는지, 영상 통화도 걸고 그래요. 처음 주말 전화를 받았을 때는 무슨 일이 생겼나 싶어 화들짝 놀랐는데, 그냥 선생님은 뭐하고 계시나 궁금해서 전화를 했다고 하는 아이들이 귀엽고 예쁩니다.

저는 초등학교 5학년 때 담임 선생님이 너무 좋아서 반 친구들과 꽤 먼 거리를 걸어 선생님 댁을 무턱대고 찾아간 적이 있어요. 약속하지 않은 방문이었고 선생님은 댁에 안 계셨습니다. 대신 선생님의 아버지께서 저희에게 주스 한 잔씩 주시면서 땀을 식히고 쉬었다 갈 수 있게 해주셨어요. 지금 돌이켜 보면 선생님이 좋다는 이유로, 주말에 친구들이 모여 약속도 하지 않은 채 선생님 댁을 찾아갈 생각을 했다는 게 참 어처구니없는 행동이었다는 생각이 듭니다. 한편으로는 얼마나 좋았으면 그랬을까 싶기도 하고요. 우리 반 아이들은 그 정도의 마음은 아닌 것 같긴 한데, 그래도 귀여워요. 오늘도 오후가 되면 저들끼리 모여 놀다 전화하지 않을까? 하는 기대를 하기도 해요. 편지를 쓰다 보니 제 주말도 마냥 고요하지만은 않네요. 주말 오전 한정이었나 봅니다.

세탁기 돌아가는 소리만 나는 고요한 집에 앉아 있으니 너그러워지네요. 이제는 평일 동안 하지 못한 일들을 해야 하는데, 조금 귀찮지만 미룰 수 없는 일들입니다. 반려병이라 여기게 된 비염 때문에 이비인후과를 방문해야 하고, 생활인 외의 삶도 잘 꾸려나가고 싶은 욕심으로 시작한 글쓰기 소모임

과제도 내야 하고, 오랜만에 연락이 닿은 옛 제자도 만나야 합니다. 오늘은 꼭 해야 하는 일들만 가득하네요. 평일에는 출근만 하면 퇴근 후에는 꼭 하지 않아도 되는 일들을 미루어 버렸는데, 미룰 수 없는 일들만 가득한 주말입니다. 분명 쉬는 날인데 할 일이 좀… 많은 듯싶지만, 다 제가 스스로 잡은 일정…….

　철수샘의 주말을 궁금해하며 오늘은 여기서 마무리하겠습니다. 안녕 안녕.

2021년 5월 29일
부지런한 주말을 보내게 될 구지 드림

철수's Letter
오늘의 주말

구지, 안녕?

제자 때문에 주말에 경찰서에서 ○○○ 학생 담임 맞으시냐고 전화 온 적은 있어도, 제자가 주말에 직접 전화해서 일상을 궁금해하는 그런 일은 내 인생에서 없었는데, 넌 학생들과 정말 잘 맞나봐. 소모임 과제에 제자 만나는 약속까지 바쁘게 보냈을 것 같은데 구지의 이번 주말은 좀 평온하길 바라며 내 이야기를 시작할게.

오늘의 주제는 적으면서 웃음부터 나는 '주말'이구나. 이번 주말에는 비가 오지 않았으면 좋겠어. 2021년은 5월까지 비가 참 많이도 온 한 해로 기억이 될 것 같아. 뭐, 비가 오더라도 주말은 그 자체로 정말 즐겁지만!

한 가족을 꾸려가는 나의 주말이라… 뭐, 너와 크게 다르진 않아. 금요일 저녁에는 남편과 함께 공들여 장을 보고 만찬을 준비해 술과 함께 한 주의 피로를 씻는 의식을 치르고,

다음 날 늦잠을 자. 토요일에는 일어나면 빨래를 돌리는데 보통 흰색 빨래, 검정 빨래, 색깔 있는 옷 빨래, 울 빨래 이렇게 네 번 정도 돌려. 그리고 한 달에 한 번은 이불 빨래, 삶은 빨래가 추가되지. 난 희한하게 청소는 안 좋아하지만 정리나 빨래는 좋아해. 가족이 있어 좋은 점은 집안일을 분담하는 거겠지. 남편은 청소와 분리수거를 하고, 난 일주일간 모아둔 우리집 어린이들 물병을 씻고, 화분들에게 물을 주고, 건조기에서 나온 빨래를 아이들과 함께 개키지. 쉴 때는 관심있는 유튜브 영상을 줄곧 보다가, 드라마나 영화도 좀 보고, 우리집 아이들 각각의 취미인 피아노 연주와 영상 편집을 다 같이 감상할 때도 있어. 물론 아이들 학교 과제 몰아서 점검하다가 소리를 버럭 지르기도 하고.

밀린 책을 읽는 날도 드물긴 하지만 있는데, 또 밀린 일이 있을 때마다 오히려 책을 더 읽기 때문에 그렇게 드물지 않은 것 같기도 해. 바쁠 때 읽는 책은 왜 그렇게 재밌는지 몰라. 그렇게 느긋한 토요일 이후에는 수업 준비하느라 허덕이고 늦게 자는 일요일이 반복되곤 해. 이번 주는 월요일 전까지 아직 마무리하지 못한 김소월의 「먼 훗날」 PPT를 완성해야 하지. 아, 이육사의 「청포도」는 잘 수업했니? 거기가 재밌기는 힘든 단원이지…. 게다가 다음 주까지는 시험문제를 두 개 학년이나 내야 해서 좀 더 일찍 출제 준비를 해야 할 것 같구나. 하지만 내가 과연 일찍 준비를 할 것인가. 흑, 다음 주야, 오지 마라.

아, 주말에 하는 거 또 있다. 가족이 같이 하는 주말 행사는 아무래도 캠핑인데 복직과 코로나로 한참 못하다가 다시 슬슬 발동 걸리는 중이야. 분명 텐트를 치고 걷는 것은 피곤한 일인데 은근 재미있더라고. 자연 속에서 개운하게 깰 때의 느낌도 좋고, 의자에 앉아 가만히 책만 읽어도 참 좋고. 고개 들면 나무와 하늘이 보이는 것도 좋고, 신나있는 아이들 보는 것도 행복하고. 거기다 밖에서 먹으면 뭐든 다 맛있고, 밤에 피워놓은 불을 바라보면 또 재미있고. 비오는 날은 텐트에 떨어지는 빗소리를 들으며 캠핑하는 것도 정말 잊지 못할 즐거운 경험이고. 아, 집에 와서 텐트를 말려야 하는 어마어마한 뒤처리가 기다리고 있다는 점만 빼면 최고야.

요즘은 주말에 우리 아파트 화단 구석에 둥지를 튼 고양이 두 마리를 보러가는 소소한 재미가 더해졌지. 아마 어미와 새끼인 것 같아. 나는 1층에 사니까 아파트 화단 앞쪽이 마치 우리집 앞마당 같아서 가끔 이불을 털거나 화분 분갈이를 할 때 애용하거든. 그런데 얼마 전에 남편이 세탁실 쪽 벽 화단의 좁은 지하공간에서 새끼 고양이랑 눈이 몇 번 마주쳤다는 거야. 먹을 게 없을 것 같아서 음식을 조금 갖다줬는데 어미와 둘이 다 먹었다며 신나게 이야기하는 거 있지.

반려동물을 키워본 경험이 있는 남자와 사는 것은 상당히 귀찮은 일이야. 늘 뭔가를 키우자고 나를 설득하고, 나는 반대하는 상황이 반복되거든. 나는 '반려동물은 셋째를 낳아서 키우는 것과 똑같다, 준비가 안 되었는데 무책임하게 키우는 걸 시작하기 싫다.'라고 반대하고, 남편은 '지금이 바로 반려동물을 키울 때다, 우리집 아이들 어릴 때 키우기 시작하면 정서에도 얼마나 좋겠느냐.'라고 설득하지. 그렇지만 우리 집 둘째가 한동안 강아지털 알러지로 고생했기 때문에 아직은 내 반대가 먹히고 있어.

그런데 나도 이번에 그 고양이들을 직접 봤거든. 화단에 가만히 앉아 멍때리는 새끼 고양이를 카메라로 찍고, 잘 안 보이던 어미 고양이와 눈을 5초 정도 마주친 후에는 자주 화단 쪽으로 방문하고 있어. 그치만 정이 든 건 아니야. 정은 안 줬어. 안 줄 거야. 뭐, 그렇다고. 우리 집 아이들에게도 절대 비밀로 할 거고. 비밀 유지를 위해 남편이랑 암호처럼 이름도 지어줬지. '까미', '꼬미'라고. 이름을 내가 짓긴 했는데. 뭐, 그렇다고.

요즘 나의 주말은 소소하게 행복해. 그리고 언제나 오늘의 주말은 소중하지. 구지 너와 편지를 나누는 걸 시작한 이후에는 토요일 오전에 커피 한 잔 그윽하게 내려놓고 골똘히 생각하며 글을 쓰는 재미까지 더해졌구나. 나 좀 작가 같아! 이러면서 한껏 고양돼서 자판을 두들기는 내 모습에 내 스스로 좀 취하기도 해, 호호.

편지를 쓰다보니 주말의 소중함이 다시금 느껴지므로 이제부터 책을 읽기로 하겠어. (응? PPT는?) 구지도 주말 잘 보내. 우리 또 주말에 한 번 봐야지!

2021년 6월 5일
캠핑이 가고 싶은 철수

구지's Letter

용기를 주는 국어 수업

 친애하는 철수샘!

 까미와 꼬미는 잘 지내고 있나요? 철수샘이 정을 주지 않겠다 다짐까지 하다니! 이미 새끼 고양이들이 샘의 마음에 자리한 듯 보여요. 우리 집 두 묘르신도 발랄한 아기고양이 시절이 있었는데, 이제는 그 모습을 찾을 수가 없네요. 저는 강아지를 더 좋아하는 사람이었는데, 이제는 우리 두 고양이가 아닌 다른 반려동물은 상상도 할 수 없게 되었어요. 제가 다른 직업으로 삶을 꾸려가는 모습이 상상되지 않는 것과 마찬가지로요.

 저는 언제부터 국어를 좋아하게 되었을까요? 철수샘은 어떠세요? 언제부터 국어 교과에 마음이 기울기 시작했나요? 국어 수업이 좋아서? 아니면 국어 선생님이 다정해서? 국어에 마음을 준 시작이, 그리고 어떻게 국어 선생님이 되셨는지 궁금합니다.

저의 시작은 다른 교과에 들이는 공에 비해 점수가 잘 나왔기 때문으로 기억해요. 잘하는 걸 더 잘하고 싶어 공부하기 시작했고, 교과서와 문제집을 볼수록 사랑하는 문장이 늘어났어요. 군더더기 없이 깔끔한 표현, 속 깊게 안아주는 포근한 묘사, 괜찮다 위로를 건네는 다정한 시구에 가슴이 설렜어요. 또 이를 읊어주고 알려주는 국어 선생님의 태도로 빚어지는 국어 수업 시간의 분위기를 사랑했습니다. 그때를 생각하면, 학생들도 제가 겪은 시간과 유사한 수업 시간을 한 번만이라도 경험할 수 있다면 좋겠다, 싶어 욕심이 납니다. 학생들이 국어를 잘 해보고 싶다는 마음, 진심을 가져주기를 바라며 수업 구상을 하고는 있는데, 여전히 부족한 점이 많다는 생각이 듭니다.

몇 주 전, 국어과 연구 수업 공개가 있었습니다. 1학년 담당 선생님의 모방 시 쓰기 수업이었는데 남학생을 상대로도 마음이 말랑말랑해지는 수업이 가능하구나 싶어 감동했어요. 교과서 외 지문으로 폴란드 시인 비스와바 쉼보르스카의 「선택의 가능성」이란 시를 활용하셨는데, 시의 구조는 단조로워 보일 수 있지만 담고 있는 내용이 어려웠어요. 어린 학생들에게 이 시가 얼마나 다가갈 수 있을까 하는 의문이 들더라고요. 하지만 시를 밑줄 치며 모든 부분을 정확하게 흡수해야만 하는 건 아니잖아요. 느낌만 가지고 가도 충분히 의미 있는 시간이라고 생각하면서도, 기왕이면 전체를 다 알려줘야 하는 건 아닌가 하는 의문이 저에게 있었던 모양입니다.

연구 수업을 준비한 선생님께서는 이 시를 그저 낭독한 후, 학생들에게 이 시를 모방한 다른 시인의 시를 읽히고, 끝으로는 자신이 쓴 모방 시를 낭독해 주셨어요. 'ㄱ보다 ㄴ을 더 좋아한다'는 형식이 반복되는 시 형식이라는 것에 주목하여 학생들이 자신이 좋아하는 것을 생각해보길 바라는 마음으로요. 그리고는 학생들에게 질문하셨습니다. "여러분, 이제 용기가 좀 생겼나요?"

선생님의 말씀에 가슴이 뭉클했습니다. 학생들이 활동할 수 있도록, 두려움을 떨쳐낼 수 있는 용기를 주는 일이 교사가 할 수 있는 일 중 가장 멋진 일이 아닐까, 그 선생님의 수업을 듣고 생각했어요.

외국 시는 아름답더라도 학생들이 내용을 잘 이해하지 못할 것 같으니까 빼고, 긴 글을 쓰는 활동은 학생들이 힘들어할 수도 있으니까 빼고, 이러저러한 이유를 대며 빼고 뺐던 수많은 날들. 빼기야말로 제가 수업을 구상하며 자주 쓴 방법이었다는 생각이 들기도 했습니다. 연구 수업에서 선생님 말씀처럼 어려울 수 있는 활동도 도전하고 싶은 용기가 생길 수 있도록 독려하고 이끌기도 해야 했던 게 아닐까. 제가 상상할 수 있는 영역 내에서만 수업을 구성한 일이, 학생들의 가능성을 가두어 버린 건 아닐까 싶어 반성하는 시간을 가졌습니다.

며칠 전부터 이육사의 시 「청포도」를 가르치고 있어요. 하나의 작품도 다양한 관점으로 해석할 수 있다는 점을 알려주고 싶어, 수업의 도입에서 벨기에 화가 르네 마그리트의 그림을 학생들에게 소개했습니다. 파이프가 그려진 그림 아래 이렇게 적혀 있죠. '이건 파이프가 아니다.' 이 그림 철수샘도 보신 적 있을 거예요. 저는 그림을 화면에 띄우고, 그림에 대한 학생들의 의견을 물었습니다.

학생들은 혼란스러워 하더라고요. "파이프 그려놓고 왜 파이프가 아니라고 해요?" "이 사람 관종인가요?" "도대체 예술가들의 마음은 이해할 수 없네요" 등의 의견이 쏟아졌습니다. 저는 차분히 아이들에게 말을 시작했죠. 이 그림이 처음 공개되었을 때도 지금 너희처럼 많은 사람들이 의문점을 가졌다. 그런데 잘 생각해보렴. 이건 파이프를 그린 그림이지, 파이프 자체는 아니지 않니? 파이프가 할 수 있는 일을 이 그림으로는 무엇도 해낼 수 없단다. 파이프는 아닌 거지. 제 말에 아이들은 "맞네. 맞는 말이라서 반박 불가."라는 반응으로 교실이 다시 한번 뜨거워졌습니다. 관점을 바꾸어 보면 하나의 장면도 다양한 해석이 가능하다는 것을 나누는 수업이 되고 싶었는데, 뭔가 아리까리해요. 좀 더 공부가 필요할 것 같아요.

  이번 주말은 기말고사와 수행평가 채점의 압박이 강력하여 여기서 이만 줄이겠습니다. 철수샘의 5월 수업 이야기도 듣고 싶어요. 편안한 주말 보내시고, 답장 기다리겠습니다.

2021년 6월 12일
용기를 주는 국어 수업을 하고픈 구지 드림

철수's Letter
국어를 좋아하는 마음으로 가르치기

구지, 안녕?

정말 바쁜 6월이야. 2개 학년 교과 수행평가, 역시 2개 학년 시험 출제, 거기다 학기말 부서 업무, 또 내가 몸 담고 있는 교사독서모임 조직의 연수 준비까지 겹쳐 있어 지난 금요일 같은 경우는 초단위로 일을 처리했어. 그러다보니, 결국 본 영역인 수업에서 실수를 저지르고 말았지. 원격 수업 과제가 제 시간에 올라가지 않았던 것을 저녁에서야 알았지 뭐니. 얼마나 바빴든 그건 내 잘못이기 때문에 학생들에게 사과를 하고 수습하는 마음이 좋지 않았어. 다른 동료 선생님이 그러면 흉을 봤는데 '네 주제에 누구 흉을 보니, 너나 잘해.' 라는 생각을 하며 나를 꾸짖은 하루였어. 그래도 정말 그 업무를 기한에 맞춰 다 해낸 것은 스스로 칭찬… 아니야, 잘못했어요.

국어를 좋아하게 된 시작이 기억나느냐는 태초의 근원을 묻는 질문을 하다니. 나는 중고등학교 때나 국어교육을 전공

하는 대학을 들어간 초반에는 전혀 아니었어. 그저 나는 언어가 성적이 조금 잘 나왔고, 친구와 편지 주고받는 것을 즐겼으며, 어릴 때부터 교환일기 같은 것을 자주 쓰는 아이였지. 어찌 보면 나를 인정해 주고 사랑해주는 관계에 목말랐고, 그걸 유지할 수 있는 편지를 자주 쓰다 보니 내게는 언어가 친밀했던 게 아닐까 그런 생각을 해.

그러다 성적에 맞춰, 여러 대학을 지원했는데, 부모님의 권유에 못 이겨 원서를 넣었던 사범대 국어교육과 한 군데만 딱 합격했어. 사실 하고 싶었던 건 언론 계통이나 방송작가 혹은 PD쪽이었는데 그런 전공의 다른 대학교들은 불합격해서 갈 수가 없었지. 그래선지 처음에는 국어과에 흥미가 없었어. 그러다 스터디를 한다고 동기들과 책을 같이 읽고 이야기하는 경험을 처음으로 했는데 그게 좀 재미있었어. 그래도 그것뿐이었고 대학을 다니는 동안에 그렇게 국어가 재밌지는 않았거든.

그런데 지금은 확실히 국어를 좋아하는 마음으로 가르쳐. 왜일까? 생각해보니 교사 소모임에서 선생님들과 함께 시와 소설을 읽고 나누는 시간을 사랑하게 된 거 같아. 잘 몰랐던 표현을 함께 이야기하다 알게 되는 기쁨, 이해하지 못한 부분을 누군가 이야기해 줄 때 가려운 등을 긁어주는 그 시원함. 작가가 숨겨둔 암호를 풀었을 때 그 짜릿함. 좋아하는 시를 낭송하며 나누는 그 공간의 기분 좋은 울림. 그런 행복을 학생들에게도 전하고 싶어지면서 나는 예전보다 조금 더 국어를 사랑하며 열심히 가르치게 된 것 같아.

오, 내가 활동식 수업을 좋아하는 이유가 여기에 있었네. 나는 책을 읽고 내 생각을 말하는 것도 좋아하지만 다른 사람 의견을 듣는 것도 좋아해. 그러면서 서로의 다른 생각이 겹쳐지고 또 발전할 수 있다는 게 놀랍게 느껴져. 이런 소중한 경험을 아이들과도 나누고 싶어서 힘들지만 독서 수업과 발표, 토론 수업을 기획하는 게 아닐까 싶네. 아, 더 열심히 해야겠어. 분명 이런 경험은 아이들 인생에서 많은 것을 이루게 도와줄 테니까 말이야.

5월은 2주 연속 등교하는 4시간 동안 '서평쓰기' 수행평가를 했어. 아이들이 그전까지 써오던 독후감과는 다른, 책에 대한 소개와 평가가 들어가는 한 편의 글을 써보게 하는 걸 목표로 수업을 진행했지. 먼저 책을 소개하고 평가하는 글이라는 서평의 개념을 배우고 작품을 골라 읽은 후 글감을 마련하게 했어. 그 다음엔 각자 쓴 글감을 글의 흐름에 맞추어 배열하는 개요를 짜고, 본격적인 서평 쓰기로 들어갔지. 마지막 시간에는 컴퓨터실을 빌려서 바로 타이핑해서 글을 제출하게 했고. 글이 바로 저장된다는 장점도 있지만 요즘 아이들은 문서 작업을 하는 걸 더 편하게 여기더라구. 무엇보다 손

글씨 채점은… 알지? 정말 고역인 것. 글씨 해석에 더 시간이 들어간다는 것! 덕분에 바로바로 서평을 받아서 이제 채점할 일만 남았어.

재미있는 단편소설을 몇 편 골라 제시하고 아이들이 서평을 쓰게 했는데 아무래도 등교를 가뭄에 콩나듯 했던 작년보다 결과물 수준이 더 낫네. 잘된 글은 또 애들이랑 함께 읽으면서 서로 자극받게 해야지. 수백 명의 글을 다 읽을 일이 걱정은 되지만 그래도 조금씩 발전하는 학생들을 보면 기쁘다. 채점이라는 고통의 과정에 비해 기쁨은 조금인 것이 아쉽지만 그 조금의 기쁨이 이런 활동을 진행할 수 있게 하는 힘인 것도 같고.

그나저나 이육사의 「청포도」를 가르칠 때 나는 참 무미건조했던 거 같은데 마그리트의 파이프 그림이라니! 미리 알았으면 나도 써먹었을 텐데! 2학기에는 나에게 미리 팁 좀 주려무나. 아니, 우리 아예 교재연구를 머리 맞대고 같이 해볼래?

이번 주말에는 일정이 있어서 광주로 가는 기차 안에서 이렇게 편지를 쓰고 있어. 오늘도 분 단위로 일을 처리하는 기분이지만, 그래도 글을 다 써서 기뻐. 네 질문 덕분에 내 태초의 근원을 돌아본 것도 좋았어. 수업 돌아보는 거 정말 좋네. 이 수업을 하게 된 이유를 다시 생각하게 되고, 원하던 수업 목표를 이루었는지 다시 돌아보고 말야. 부족한 점도 보완하겠다고 다짐하는 동력이 되네.

 우리 바쁜 이 시기를 잘 견디고 뜨거운 여름방학을 맞이해 보자. 건강 잘 챙기고!

2021년 6월 19일

국어교육 전문가가 되고 싶은 철수

구지's Letter
끝이 보이지 않는 수행평가 채점

친애하는 철수샘.

저는 수행평가 후 채점의 늪에 빠져있습니다. 아하하. 이번 수행평가는 주장하는 글쓰기였어요. 학생들의 글을 읽고 빨간 펜으로 좋은 점, 개선할 방향, 점수를 기록합니다. 가벼운 마음으로 시작했는데 학생들의 글만큼 길어지는 피드백에 플러스 펜을 몇 차례 교체했습니다. 균형을 위해 모두의 수행평가에 긴 감상을 남기다 보니 하루에 한 반 채점도 어렵더라고요. 제가 감당할 수 있는 만큼이 어느 정도인지 제가 몰랐…나 봐…요.

이번 수행평가의 큰 틀은 학기 초부터 계획되어 있었고, 제가 가장 신경 쓴 부분은 학생들에게 의미 있는 주제를 선정하는 일이었어요. 다른 학년 국어 선생님들께도 여쭤보고 다른 교과 선생님께도 문의를 했는데, 참신한 주제가 나오지 않더라고요. 그래서 과자로 유인하며, 학생들 대상으로 주장하는 글쓰기 주제 공모를 했습니다. 오십 개 정도의 의견이 모였습니다. 교과서에 수록된 주제, 이미 다른 수업에서 다룬 주제가 대부분이었으나 그 중에도 반짝이는 아이디어가 있었어요. 그중 시의성 있는 주제를 선정했습니다. '코로나19 백신 의무화 찬반', '인공지능 개발 규제 찬반', '교사의 근무 중 브이로그 촬영 찬반', '반려동물 입양 규제 찬반'. 이렇게 네 가지 주제가 선정되었고, 덕분에 채점하며 읽는 즐거움도 큽니다. 판에 박힌 주제는 글도 재미가 없는데, 이번 주제들은 채점하면서 읽는 즐거움이 있다는 게 그나마 위로가 된다고나 할까요.

학생들의 다양한 주장을 읽다 보면 웃기기도 하고 학생의 마음이 느껴져 귀엽기도 해요. 각자가 중요하게 생각하는 지점을 바탕으로 한 편의 글을 완성해가는 과정이 대견합니다. 뭐라도 한 바닥을 채워보겠다고 애를 쓴 흔적이 다분한 학생의 글은 짠하게 느껴지기도 해요. 틀에 박힌 답안에만 점수를 줄 수 있는 평가가 아니라는 점이 참 좋다, 싶으면서도 마음이 복잡해지기도 합니다. 글 쓰는 과정의 고민과 큰 포부와는 달리 마무리에서 갈피를 잡지 못하고 방향을 잃은 글도 0점이 아닌, 제몫의 점수를 받아갈 수 있다는 점이 좋아요. 이름만 써낸 백지 답안지는 보고 있으면 마음이 복잡해집니다. 이 좋은 평가에서 왜 좀 더 애써보지 못했니! 하는 안타까운 마음이 들기 때문일 겁니다. 웃었다, 심각했다, 마인드 컨트롤을 했다, 다시 웃기를 반복하며 채점을 하고 있습니다. 저 내일까지 끝낼 수 있겠죠?

수행평가로 즐거운 걸 많이 시도해보고 싶은데, 새 학교에 가서 그 학교 방식을 크게 해치지 않는 선에서 변화를 주려고 하다 보니 욕심껏 해내는 경우는 적은 것 같아요. 철수샘이 알려준 시 처방 수업이나 서평 쓰기 수업도 시도하고 싶지만, 눈치만 보고 있습니다. 이번 학교에서는 제가 문학 수업을 하지 않기로 해서 더 그러네요. 학기 말에 시간이 나면 시도해보고 싶은데, 점수에 들어가지 않아도 학생들이 지금처럼 예쁘게 잘해줄까 싶기도 하고. 생각이 많아집니다. 수행평가로 해야만 결과물의 질이 높아질 때가 있으니까요. 반대로 생각해보면, 매시간 다른 걸 배워야 하는 학생들이 모든 걸 열심히 해주는 것만큼 비현실적인 일이 있을 수 있나 싶기도 해요.

시험 기간에 접어든 학생들이 공부하는 걸 들여다보고 있으면 이토록 다양한 교과의 중요 지식을 모두 머리에 넣어야 한다는 사실이 무리한 요구처럼 느껴지기도 합니다. 저도 그런 시기를 지나오기는 했지만 어떻게 그걸 했지? 과거의 내가 대단했다는 느낌이 들 정도랄까요.

오늘은 친구 결혼식 참여를 위해 부산에 와 있어요. 결혼식이 끝난 후 광안리도 다녀왔습니다. 바쁜 와중에 애써 내려온 거라 조급함이 앞섰는데, 고요한 바다를 보니 좋더라고요. 잔잔한 파도가 이는 바닷가에 한참 앉아 있었어요. 광안대교에 불이 들어오는 모습을 꼭 보고 싶었거든요. 몇 시쯤 켜질까 궁금해하며 인터넷 검색도 했습니다. 일몰에 맞춰 불이 들어오는데, 매일 조금씩 점등 시간에 변동이 있다고 해요. 여름이면 늦어지고 겨울이면 당겨지는 점등 시간이라니, 멋지다는 생각이 들었습니다. 기계에 입력된 시간에 맞춰 켜지는 불이겠지만, 일몰에 맞춰 점등되도록 설정하는 일은 사람의 것이니까요. 사소한 곳에도 사람들의 마음이 깃들어 있다고 생각하면 어쩐지 뭉클해져요.

아침부터 바쁜 나들이로 뒤늦은 편지를 쓰고 있습니다. 늦더라도 쓰기만 하라고 독려해준 철수샘께 감사를 전하며, 편안한 밤 보내세요!

2021년 6월 26일
수행 채점도 사람의 일이니, 멋지고 싶은 구지 드림

철수's Letter
수행평가의 늪

구지, 안녕?

바로 어제 금요일이 우리 학교 수행평가 마감일이었다지. 미친 듯이 수행평가 채점을 해서 아이들에게 안내를 마치고, 성적 입력을 하고, 그간 못한 공문 처리도 끝내고 오늘은 거짓말처럼 캠핑을 와 있어. 그래서 어제 너의 톡에도 답하지 못하고 부랴부랴 떠나왔단다. 7월 초에는 여유로울 거라 생각하고 매우 오래 전에 예약해 둔 건데, 역시 사람은 한 치 앞을 모르는구나. 이번 주 내내 수행평가의 늪에 빠져 하루 3~4시간밖에 못 잘 줄 누가 알았겠니. 아니, 알고는 있었지만 그래도 좀 더 빨리 마쳤을 거라 생각했지. 어쨌든 나는 올해 처음 제대로 된 캠핑을 왔고, 캠핑장에서 너에게 쓰는 편지는 마감이 코앞이어도 어쩐지 여유롭구나.

수행평가 결과물에 일일이 피드백을 달았던 기억은 아마 교사생활 초반 즈음이 마지막이었던 거 같고, 그 뒤로는 엄두를 내지 못한 거 같아. 물론 가끔 짧은 평이라도 써주고 싶을 때가 있지만 학년 전부를 가르치게 되거나 두 개 학년을 걸치는 해는 뒷수습을 할 자신이 없어 참곤 하지. 그래도 개인적으로 점수 안내를 할 때는 얼마나 잘했는지, 어디가 조금 부족한지 말해주려고 노력해. 그것도 시간에 쫓길 때는 마음대로 안 되긴 하지만. 구지가 학년 전체를 피드백 해줬다는 이야기를 들으며 그 학교 애들은 좋겠다, 그중에 몇 명은 얼마나 멋지게 달라질까 기대되네, 나는 못해, 뭐 이런 생각을 하는데 그래도 나는 반성은 안 할 거야. 내가 할 수 있는 선에서 올해 나는 최선을 다했다고 믿고 싶어.

올해 마스크를 낀 채로 수업을 하니 아이들 이름을 외우기가 쉽지 않아. 나 이름 진짜 잘 외우는 편인데 눈만 보고 기억하기는 정말 힘들더라. 그래도 수행평가를 하면서 아이들과 개인적으로 볼 일이 많아서 조금씩 친해지고 있어. 내게 타로점을 봐주겠다는 애도 있고, 머리를 자르고 가면 자르셨냐고 말 걸어주는 애도 있고, 내 얼굴이라며 그림을 그려서 보여주는 애도 있고 그래. 원래 애들과 친한 선생님들이라면 겨우 그 정도 가지고 그러냐고 할지도 모르겠지만 나는 작년보다 소소하게 변화가 있는 것 같아.

또 작년에 비해 등교일이 많아지고, 학교 행사도 조금씩 할 수 있게 되어서 아이들의 새로운 모습을 볼 때가 종종 있어. 이번에 학생회에서 기획한 음악회 행사로, 반응이 정말 좋았던 게 있어. 등교시간에 학교 현관에서 버스킹처럼 아이들이 깜짝 연주를 해주는 거야. 현장에서 나도 같이 구경했어. 거리두기를 해야 하고 공연 관람도 쉽게 하지 못하는 이 시기에 클래식 음악회 자체도 좋았지만, 평소에 피아노나 바이올린 등을 다룰 거라고는 예상 못했던 아이들이 연주하는 모습을 보니까 또 색다르게 보이더라구. 그리고 방과 후 청소지도를 할 때 성실한 아이, 도망가는 아이가 있잖아? 그 녀석들 지도하다가 수업 시간에는 하지 못했던 대화를 나누기도 하고, 온라인 수업할 때도 옛날 같으면 말 한번 못 나눠봤을 애들인데 빨리 수업 들어오라고 통화할 일도 자주 생기고 그렇더라. 아이들도 확실히 작년에 비해서는 서로 친해진 모습도 많이 보이고 다른 사람과 관계 맺는 부분도 성장하고 있다는 생각이 들어. 2학기 전면 등교를 하게 되면 학교는 예전처럼 활기 있게 돌아갈까?

이번에 수행평가를 마무리하면서 내게도 약간의 성과와 숙제가 생겼는데 작년보다 아이들 글 수준이 전반적으로 높아졌다는 것, 등교 수업일이 늘었고 내가 더 봐줄 수가 있어서인지 완결된 글을 써내는 학생들이 훨씬 많았어. 그렇지만 아직도 중학생 수준에서 서평쓰기를 하는 것은 매우 어렵고, 수업 과정 설계가 더 필요하다는 게 숙제로 남았지. 우리 애들은 사실 글쓰기 자체를 힘들어하는데 이전에 쓰던 독후감과는 다른, 서평이라는 양식이 어렵게 느껴진 것 같아. 한번 서평쓰기를 경험해 보는 게 목적이긴 했지만 그래도 더 잘하고 싶고, 아이들이 더 성취감을 느꼈으면 좋겠어. 매년 반복되는 성과와 숙제겠지.

잘 해낸 애들을 칭찬할 때면 그때 느껴지는 마스크 너머의 아이들 미소가 참 좋고, 부족한 점을 이야기할 때면 머리를 긁적이며 "아, 그런가요? 네 알겠습니다." 하는 모습도 참 좋고, "선생님 서평 정말 어려웠어요. 어떻게 하면 잘 쓰는 거에요?"라고 질문하는 모습도 참 좋은 걸 보면 이 직업이 나에게는 자주 만족감과 성취를 주는구나 싶고 그렇네.

주장하는 글쓰기 주제를 고민하더니 역시 너다운 방식으로 잘 풀어나갔구나. 애들한테 묻다니 아주 바람직해. 나는 혼자 고민하다 같은 고민하는 교사들한테 도움을 청하고 말았을 텐데. 그래서 애들이 너를 많이 좋아하나봐. 늘 그렇게 아이들을 중심에 두고 문제를 해결하는 방식이 참 존경스러워.

그동안 수행평가 하느라 학생들도 지쳤겠지만 나도 많이 지쳤으니 오늘은 장작불을 보면서 불멍을 때려볼래. 비가 온다니 우중 캠핑이 될 거 같아 더욱 기대가 된다. 오랜만에 밝게 웃는 우리집 애들에게도 덜 미안하고. 무엇보다 어제 수행평가 마감을 딱 끝내고 난 후라 더욱 평화로운 주말이야.

이제 기말고사만 별일 없이 끝나면 될 것 같은데….

   그럼 이제 수영하고 나올 애들을 위해 뜨끈한 컵라면을 먹일 준비를 해야겠다. 물놀이 다음엔 라면이 진리지. 그럼 구지도 수행평가 탈고 후 평온한 주말을 보내고 있길 바라며, 안녕.

2021년 7월 3일
수행평가 마감 후라 즐거운 철수

구지's Letter
고사 기간과 소화불량은 한 세트

친애하는 철수샘.

안녕하세요. 저는 이번 주말 내내 집에만 있을 예정입니다. 계획대로라면 오늘 철수샘과 두 분의 선생님까지 해서 넷이서 모임이 있는 날이었지요. 나누고 싶은 이야기가 많았지만 코로나가 기승이라 모임이 취소되었고, 늦잠을 잤습니다. 에어컨을 켜놓고요. 플렉스한 기분입니다. 전기세가 무서워지는 여름이고, 전염병은 멈출 기세가 보이지 않으며, 다음 주 수업은 전면 원격수업으로 전환되었습니다. 교사도 1/3씩 재택을 하기로 하였으나, 저는 집에서 실시간 수업을 진행할 여력도 없고, 생활기록부를 집에서 쓰고 있는 제 모습을 상상할 수 없어 5일 모두 출근하기로 했습니다.

그래도 다행이라면 기말고사가 무사히 끝났고, 성적 확인도 끝냈다는 점이겠죠. 시험이 끝났는데 왜 등교해야 하냐고 묻던, 마음만큼은 이미 대학생인 중학생들의 뜻대로(?) 다음 주는 원격수업입니다. 원격수업에서 방학을 앞둔 한 주는 무엇을 하면 좋을까요? 교과서 진도도 다 끝났는데? 팁을 주세요. (공부하기 싫어요…)

국어 기말고사 시간 동안 저는 학교 복도를 전력 질주했습니다. 질문이 너무 많았어요. 학생들의 문해력이 문제가 있는 게 아닐까 싶을 정도로. '엇비슷하다', '상충하다'는 의미를 모르는 학생들이 너무 많았고, 서술형 문제의 조건도 이해하지 못하여 질문하는 학생들이 넘쳐났어요. 거리 두기를 위해 한 학년이 3개 층에 분산된 상태라 더 힘들었어요. 분명 시험 시작 전에는 여름 카디건을 걸친 상태였는데, 나중에는 카디건을 벗어던지고 달리기를 하고 있었습니다. 그러나 제가 뛰어가서 해줄 수 있는 말은 "단어 뜻은 대답해 줄 수 없어." "네가 해석해야지."의 반복이었죠. 지금 생각하면 모든 반을 차례로 돌며 그 말을 해주는 편이 나았을 것 같은데, 한 반을 돌기도 전에 다른 반에서 질문이 있다고 해서 뛰어가는 바람에 마구마구 다 꼬여버렸어요. 그러는 와중에 '내가 낸 문제도 아닌데, 왜 내가 뛰어다녀야 해?'라는 못된 마음이 자꾸만 비집고 올라와 힘들었습니다. 그러나 처음부터 검토할 때 이런 문제가 발생할 것을 미리 파악하지 못한 제 탓도 크죠. 엉엉.

시험 기간이 되면 긴장이 커집니다. 문제에 오류가 있지는 않을까, 학생들이 교과 내용을 얼마나 소화했는지 파악하지 못한 상태로 출제한 건 아닐까, 하는 걱정이 이어지기 때문입니다. 그래서 시험이 끝나고 만점자가 몇 명이나 나왔는지 꼭 확인을 해보고는 해요. 다행히 각 반에 만점자가 두 명씩은 있어서 마음의 평화를 되찾을 수 있었습니다. 물론 이 평화가 찾아오기 전까지는 미약한 소화불량이 제 곁에 딱 붙어, 절대 떨어지지 않을 것처럼 저를 불안하게 했지만요.

 예전에 철수샘과 한 학교에서 근무할 때, 평가에 관한 이야기를 나눴던 적이 있어요. 그때 철수샘이 저에게 '네가 가르친 학생 중에서 한 명도 만점이 없으면 학생의 문제가 아니라, 네가 고민해 봐야 한다.'는 내용의 말을 해준 적이 있었습니다. 기억하시나요? 그 말이 아직도 고사 기간이 되면 생각나요. 학생들에게 좌절이 아니라, 할 수 있다는 용기를 주고, 이번 결과가 다음 시험에 좀 더 노력하고 싶은 마음이 들게 하는 시험문제를 내고 싶어요. 그런 날이 오겠죠?

 오늘은 기말고사의 여파로 자꾸 눕게 되어 편지가 짧습니다. 늘 철수샘의 편지가 길어 민망하기도 하지만, 오늘의 저는 여기까지인가 봅니다. 건강한 주말 보내세요!

2021년 7월 10일
고사에 의연해지고픈 구지 드림

철수's Letter
경력이 내게 준 것

구지, 안녕?

수도권 방역 4단계 격상으로 정말 사람 만나는 약속은 모두 취소가 되고, 방학인데 약속을 잡지도 못하고, 사람 만나는 걸 좋아하는 나는 지금이 너무 아쉽기만 한 시기야. 모임은 2인만 가능하다니 구지 너와 둘이라도 만나고 싶은데, 또 너와는 요새 자주 톡으로 이야기 나누는 것 같아서 굳이 약속을 잡아야 하나? 이 느낌이네. 구지, 굳이 내 라임 어때? 재미없니. 암튼 방학 때 한번 보자꾸나. 만나야만 할 수 있는 이야기들은 또 결이 다른 것 같아.

내가 가르친 학생 중에 한 명도 만점이 없다면 그건 학생의 문제가 아니라 내가 고민해 봐야 한다. 내가 너에게 그런 말을 했다니 전혀 기억에 없지만, 그리고 너는 정말 별 걸 다 기억한다는 사실도 새롭지만, 역시나 한 치 앞을 못 보는 게 사람 인생인가 보다. 다른 선생님과 함께 가르치는 2학년 국어 시험 결과에서 내가 들어가는 두 반에서는 만점자가 하나도 나오지 않았거든. 물론 나는 전체 단원을 가르치지 않았고 다른 선생님과 나눠서 가르쳤지만, 고득점자도 별로 없는데다 하나 틀린 학생이 내가 가르친 단원에서 틀렸다는 사실을 알고, 내가 그 부분을 더 분명하게 가르쳤어야 했는데 하고 머리를 쥐어뜯으며 괴로워했어. 시험은…. 맞아. 지나치게 긴장하게 되고, 문제에 오류는 없을까, 내가 수업 때 놓친 부분은 없을까 걱정하게 되지. 내가 출제하지 않은 문제도 함께 책임져야 하기도 하고. 그리고 오타는 왜 꼭 시험 당일이 되어야 눈에 보이는지. 어쨌든 이번 시험은 질문도 없었고 민원도 없었는데 나 혼자 많이 괴로워했던 그런 시험이었어.

그리고 학기말 성적이 나왔는데 말야. 과목별 세부능력 특기사항을 써주려고 방학식날 수행평가 점수표를 다시 뽑아서 봤거든. 그런데 모든 수행평가에서 좋은 점수를 받았던 학생의 한 영역 점수가 많이 낮은 거야. 이상하다 싶어서 다시 살펴보니, 이럴 수가. 내가 그 학생의 점수를 10점이나 낮게 입력했더라구. 오늘 방학은 했고, 성적표도 나갔고, 그 학생은 몰랐는지 그 사이에 전혀 이의 신청을 하지 않았고, 나는 정신없이 성적 담당 교무부에 보고를 했고, 조퇴한 고사 담당 선생님을 다시 학교로 불렀고, 확인서를 쓰고, 관리자 분들께 주의를 받고, 성적관리위원회를 온라인으로 열고, 급히 성적

정정을 하고, 정정된 사항을 통보하기까지 정말 하루가 정신없이 흘러갔어. 교무부에서 정정되었다고 통화하는 걸 옆에서 듣는데 학생이랑 부모님은 그 전에 점수가 잘못 나온 걸 알고 있었던 모양이야. 근데 이미 처리가 끝났다고 생각해서 이의 신청할 생각을 못하고 있었나 보더라고. 아, 세상에. 미안함에 정말 뭐라고 해야할 지 모르겠더라.

아침마다 재미로 보는 타로점이 그날 안 좋게 나와서 찜찜했거든. 그런데 방학식날 학생의 성적 오류를 발견하다니. 그 학생이 말도 못하고 얼마나 끙끙댔을까 생각하니 정말 가슴이 쓸어내려지더라. 경력이 쌓여도 이렇게 기본적인 실수를 하는 것에 자괴감이 들면서도 대처를 빠르게 잘한 것은 경력이 준 힘 같기도 해. 옛날 같았으면 며칠간 기분도 계속 안 좋고 그랬을 텐데, 오히려 내 마음은 빠르게 수습되었어.

기말고사를 치르는 기간에 루X비통 서울 전시회를 다녀왔어. 명품 매장에서 전시회를 한다는 사실을 우리 부서 기획샘 덕에 우연히 알게 되어서 예약했는데, 전시회 보려고 명품 매장을 처음 방문하는 신기한 경험을 했지. 컬렉션 소장품 전시라고 해서 게르하르트 리히터라는 독일 작가의 작품이 전시되고 있었어. 그림 몇 점이 마음에 평화…를 준 건 아니고 이게 그렇게 비싼 그림이라고? 하면서 나왔지만 그래도 전시 공간을 둘러보며 천천히 걷다보니 마음의 여유는 충분히 생기더라고. 시험 기간은 긴장은 되지만 이런 시간을 보낼 수 있다는 건 참 좋은 것 같아. 이렇게라도 조금 충전이 되어서 수업 준비도 열심히 하…게 되었으면 좋겠어.

  시험 끝나고 방학 전 수업 팁을 달라고 했지? 나라고 별 수는 없고, 오히려 너에게 뭐할 거냐고 물었던 기억이 나는구나. 갑자기 전교생 원격수업으로 전환이 되어서 아이들과 같이 진로 관련 책을 읽으려던 계획은 물거품이 되고, 교과서 진도를 나가면서 유익한 비문학 글을 읽히거나, 직업흥미검사를 해보고 진로 관련된 책들을 추천하는 것으로 1학기 수업을 마무리했어. 너도 활기찬 남학생들과 수업 잘 마무리했을 거라 생각해.

  날이 너무 뜨겁네. 더위 조심, 냉방병 조심, 몸 조심하고. 이번 여름에 언니네 냥이들까지 같이 돌보게 됐다고 했지? 냥이들과 여름 잘 보내! 그리고 우리 2학기 수업은 같이 협의해서 잘 준비해보자.

2021년 7월 17일
이제는 경력직 철수

덧. 우리 집 앞에 둥지를 틀었던 길냥이 어미와 새끼는 다른 데로 옮겼는지 몇 주째 보이지 않아. 직접 키운 것도 아닌데 며칠 봤다고 잘 살고 있는지, 이 더위와 갑작스런 소나기에 어디에 둥지를 틀었는지 걱정되고 좀 아쉽네. 그때 더 잘 챙겨줄 걸 하는 생각이 뒤늦게 들어서일까.

좋은 사람,
좋은 동료,
좋은 선생님

구지's Letter
더 나은 세상을 꿈꾸게 하는 제자들

친애하는 철수샘.

연수 진행으로 바쁘고 알찬 주말을 보낸 철수샘이 휴식하는 월요일 보내고 계신지 궁금하네요. 철수샘 덕에 알게 된 독서연수를 주말 내도록 들으면서, 열심히 수업 연구를 하고 또 기꺼이 나누는 선생님들이 이렇게 많이 있다는 사실에 많은 용기와 위로를 받을 수 있었습니다. 더불어 저는 좀 낯가림이 심하다는 사실도 새삼 깨닫는 시간이었달까….

그나저나 고양이들은 어디로 갔을까요? 대상이 누구든, 눈맞춤 한 번 만으로도 한 존재에 대해 쏟는 마음가짐이 많이 바뀌는 것 같아요. 길냥이 가족 모두가 보이지 않는 거라면, 거주하는 장소를 이동한 게 아닐까요? 철수샘 같은 사람을 만나 또 다른 결의 보살핌 아래 잘 지내고 있을 거예요.

저는 뒤늦게 MBTI에 빠져 있습니다. 한참 철수샘이 빠져 있었을 때(여전히 현재 진행형인가요?)는 조금 무심했었는데,

얼마 전 철수샘께 MBTI 빙고를 받은 이후로부터 재미있어하기 시작했어요. 철수샘은 'E'시죠? 독서연수 때 보니까 교사 모임에서 인기도 많고, 정말 활발하시던데. 거기서 철수샘은 확실히 '인싸'였어요. 저는 'E'로 시작하긴 하지만 제 MBTI는 '아싸' 중에 '인싸', '인싸' 중에 '아싸'라는 설명이 있었거든요. 친해지고 나면 정신없이 까불기도 하는데, 까불어도 되는 사람인지 아닌지 탐색하는 시간 동안은 지나칠 정도로 조용하다고나 할까요. 매년 근무하는 학교가 바뀌고, 새로운 학생들을 매년 만나게 되면서 이 주기가 짧아지고 있는 게 장점이라면 장점입니다. 제가 편안하게 학교생활을 하고 싶어서 빨리 적응하게 되는 건 아닐까 싶기도 하고요. 저를 편안하게 해주는 구성원들 사이에서 마음껏 활발할 수 있을 때가 심리적 안정감이 높아지는 것 같아요.

지난 편지를 읽으면서 시험문제로 마음을 많이 썼을 철수샘이 그려졌어요. 내가 가르치지 않은 부분이 시험에 나올 때면 예민해질 수밖에 없고, 내가 중요하게 생각하는 부분과 다른 선생님이 중요하게 생각하는 부분이 다를 수 있다는 점에 놀라는 일도 종종 발생합니다. 꼭 가르쳐야 하는 내용을 누락한 건 아닐까 싶은 걱정이 들 때도 있습니다.

방학식 날 발견한 수행평가 입력 오류 이야기에서 저는 철수샘의 문제 해결 방법이 좋았어요. 실수는 누구나 할 수 있지만 그걸 바로 잡는 과정에서 그 사람이 어떤 방향으로 마음을 쓰는지를 알게 되는 것 같아요. 그때 드러나는 마음의 결이 철수샘과 유사할 때를, 저는 좋아합니다. 미안해하는 철수샘의 마음이 해당 학생과 학부모에게 느껴졌을 거라 믿어요. 처음에는 당혹스러우셨겠지만, 문제를 해결하는 과정에서 철수샘의 마음씀을 느끼고 다 풀어졌을 것 같아요.

학교에서 우리가 교과 지식을 가르치는 일만 하지 않듯, 학생들도 우리에게서 그 외의 면들도 배워간다고 생각해요. 학생을 대하는 태도, 수업에 임하는 자세 등 많은 것들을요. 저는 학생들에게 교과 외에 무엇을 남겨주고 있을까요? 욕심을 내본다면, 학생들이 제게서 얻어가는 것에는 좋은 점이 더 많았으면 좋겠습니다.

저는 보통 일 년 남짓의 시간을 학교에서 보내다 떠나게 됩니다. 길고도 짧은 시간이라 할 수 있지만 일 년의 만남으로도 서로에게 짙게 남은 학생들이 있어요. 그들이 저를 찾아 근무 중인 학교를 방문하면 누군가가 알려주곤 해요.

"선생님, 제자가 찾아왔어요."

제자라니! 무언가 제 역량보다 큰 단어 같아 사전을 찾아봤어요. 제자는 스승으로부터 가르침을 받거나 받은 사람이라고 합니다. 그렇다면 선행 조건은 제가 스승이어야겠네요. 스승은 '자기를 가르쳐서 인도하는 사람'으로 사전에 나와 있습니다. 어렵습니다. 스승이란 이름을 붙이기에, 저는 한참 부족한 사람인데 찾아오는 제자가 있다니요. 그렇지만 저를 만나기 위해 먼 걸음을 한 학생이 제자가 아니라고 말할 수는 없는 일이겠지요.

제게 연락해 오는, 첫 학교에서의 학생이 한 명 있어요. 담임도 아니었고 일 년만 국어 분반 수업에서 가르친 기억이 있는 학생입니다. '주는 것 없이 사랑받을 수 있는 직업이 교사가 아닐까?'라고 자만하던 첫 학교에서의 나날 중 그 아이를 만났어요. 여학교였고 쉬는 시간마다 교무실에 찾아와 재잘거리던 학생들이 끊이지 않았죠. 돌이켜 보면 수업 준비도 가장 태만하게 했던 시간이었어요. 어떻게 해도 사랑해주던 애들이었거든요. 그 시절 매일 그림을 그려 저를 찾아오던 학생이 있었어요. 친구들이랑 놀라고 밀어내는 저에게 "저는 친구가 없어요."라며 다음 쉬는 시간에 또 다른 캐릭터를 그려 오던 학생. 그려 온 그림이 귀엽고 사랑스러워 교무실 책상 여기저기에 붙여 두었고, 그걸 본 다른 학생들도 덩달아 그림을 그려 오기 시작해 책상이 색색의 그림으로 가득찼던 기억이 납니다.

그림들은 모두 코팅되어 지금도 잘 보관되어 있어요. 이제 그 학생과의 인연도 7년이 넘은 듯하네요. 매해 스승의 날에 잊지 않고 저를 찾아주는 학생입니다. 기간제 교사 생활이 그러하듯, 매년 바뀐 학교를 알려주는 게 민망해 만나지 않아보려 밀어낸 적도 있습니다. 그러나 만나서 같이 밥 먹고 차 한잔하면서 소소한 근황을 나누는 일만으로도 얻게 되는 힘이 있더라고요. 별거 아닌 대화 속에서 진심으로 이 학생이 잘살았으면 좋겠다고 빌게 되는 저의 마음과 선생님이 편안하게 잘 지냈으면 좋겠다고 말해주는 학생의 마음이 오가는 시간, 이 만남이 주는 위로가 분명하다는 걸 뒤늦게 깨달았거든요. 이제는 5월쯤 되면, '그 아이가 연락 올 때가 됐는데…'라며 기다리는 제 모습을 발견할 때도 있습니다.

기억에 제일 많이 남는 학생들은 아무래도 철수샘과 함께 근무한 학교에서 만난 학생들입니다. 처음 담임을 하기도 했고 학생들이 제게 무한한 사랑을 주기도 했던 시간이었습니다. 돌이켜 보면 그 시간을 좀 더 유쾌하게 보낼 수도 있었을 것 같은데, 그땐 너무 조심스러웠어요. 학생들의 큰 사랑에 밤잠을 못 자고 고민하던 시간도 3, 4월에는 있었답니다. 교실을 청소하고 있으면 어느덧 다가와서 "선생님, 샴푸 케라시스 쓰시죠? 저랑 같은 거 쓰시네요."라고 말하는 학생, "선생님 피부는 너무 하얗네요."라고 말하는 학생에게 뭐라고 말해야 할지 감감했거든요. 거기다 "선생님 좋아요."라며 허리를 끌어안고 신체 접촉이 자연스럽던 학생들도 있었습니다. 아시죠? 남학교였어요. 그래서 어떻게 대응해야 하는지 감이 오지 않아 힘들었어요. 그렇지만 속 깊은 이야기를 나눌 곳이 없었고, 어렵게 털어놓은 고민에는 '애들이 선생님을 좋아해서 그래, 그 정도는 예쁘지.', '애들 버릇 망치면 안 돼.' 등의 말을 건네기는 했지만, 학생이 좋아해 주면 교사는 불편해도 참아야 하는지, 애들의 버릇을 망치는 저의 행동은 무엇인지에 대한 설명은 없었어요. 지금보다 더 미숙했던 당시의 저는 모든 게 어렵기만 했고 고민으로 속이 답답해지는 날도 많았습니다.

고민의 시간 속에서도 이상하게 학생들이 점점 더 좋아졌어요. 좋다고 자꾸만 찾아오는 학생들이 어떻게 미울 수 있겠어요. 부담스럽다고 해도 날 좋아한다고 말해주는 사람의 마음이 고마운 건 당연한 반응이잖아요. 그래서 어느 순간부터 그냥 내가 더 예뻐해야겠다, 내가 더 사랑해줘야지, 라는 마음으로 학생들과 지내려고 했습니다. 그 덕인지 많은 학생들이 여전히 연락이 오고 있습니다. 이상하죠? 아이들과 딱 일 년의 시간만을 공유했을 뿐인데, 학생들을 만나 대화를 나누면 그 학교에서 연락하는 선생님은 저뿐이라고 하더라고요. 모두에게 잘하는 학생들이라 저에게도 잘한다고 생각하고 있었는데, 저에게만 특별히 잘하는 거라 말해주는 학생들이 귀하게 느껴졌어요. 그래서일까 만나면 너무 반갑고 즐겁습니다.

이제 그 학생들이 갓 스무 살이 되었습니다. 올해 5월에는 학생들을 만나 맥주도 마셨어요. 열다섯 살이던 아이들이 어른이 되어 다정한 말을 건네주는데, 잘 컸구나 싶으면서도 이 친구들 곁에 좋은 사람들만 있을 수 있는 사회면 좋겠다, 노력한 만큼 얻어가고 애쓰는 만큼 행복할 수 있는 편안한 세상이면 좋겠다는 생각이 들었습니다. 저는 조카도 자식도 없는데, 교사라는 직업은 이렇게 내일이 조금 더 나아지기를 바라게 하는 마음을 갖게 하는 것 같아요. 이 직업을 제가 사랑하는 이유 중 하나가 아닐까요. 세상을 좀 더 긍정적으로 바라보게 하는 힘을 주니까요.

마음에 남는 학생들이 많아진다는 건, 책임감을 갖고 삶을 꾸려나가게 하는 선물 같아요. 삶이 나에게 왜 이러는 걸까, 싶은 순간에도 힘이 되어 주는 완전한 타인이 매년 여럿 생길 수 있는 기적 같은 일을 잘 해내고 싶습니다.

자랑 좀 해도 될까요? 지금 우리 반 학생들은 제가 너무 좋다고 자주 말해줘요. 얼마 전 전입생이 왔는데, 1학년 때 이 학교에 다니다 다른 곳으로 전학 갔다 다시 돌아오는 학생이었어요. 그러니까 우리 학교 학생들과 너무 잘 아는 사이인 전입생이 오게 된 거죠. 그런데 학생들이 모두 "4반 담임 선생님 진짜 좋아. 그 반으로 가."라는 말을 많이 했대요. 학부모가 전입 신청을 하러 와서 교감 선생님께 "혹시 4반으로 배정이 될 수 있나요? 그 반 담임 선생님이 좋다고 하던데요."라고 말씀하실 정도랄까. 저 좀 거만해도 되나요. 학생들의 다정한 마음에 다정하게 반응하는 일만으로도 잘하고 있다는 말을 들을 수 있는 직업을 갖고 있어 행복하다는 생각이 듭니다.

아침부터 쉬엄쉬엄 써야지 했는데, 점심도 먹고 커피도 마시고 하면서 꽤 오랜 시간 글을 쓰게 되었네요. 여태 제가 쓴 편지 중 가장 긴 글이 되어버렸습니다. 뭔가 좋았던 일만 써버린 것 같지만 일단 오늘은 이렇게 마무리하겠습니다.

우리 더운 여름이지만 한 번 시간 맞춰 봐요. 보고 싶습니다. 랜선 말고요.

2021년 7월 26일
오늘따라 수다스러운 구지 드림

철수's Letter
잊고 싶지 않아서

구지, 안녕?

선생님들을 위해 열심히 준비했던 독서 연수가 끝나고 본격적으로 방학을 하니 토요일의 감이 없구나. 우리집 어린이들의 행사 및 대소사를 챙기다 보니 마감을 까맣게 잊었어. 너에게 하루를 더 부탁했는데 허락해줘서 고마워. 근데 또 일요일에 글쓰기는 만만치 않네. 서재 문을 걸어 잠그고, 엄마를 찾지 말라 큰소리로 당부한 후 자판을 두드려 본다.

제자에 대해서 쓰기로 했지만 쉽지 않았던 이유는 이 정도 경력이 되도록 오래오래 연락하는 제자가 없어서인 듯해. 물론 중학교 졸업하고 몇 년간은 소소하게 연락이 왔던 녀석들, 담임할 때는 그렇게 속 썩여놓고 고등학교 가서는 이제야 선생님의 사랑을 알았다는 등 감동을 주는 녀석들도 없지는 않았지만, 대학을 가고 취업의 시기를 마주할 때쯤이면 본인들 삶에 치이느라 이전의 선생님은 생각할 겨를이 없는 거 같아.

그리고 무엇보다 자신의 현재가 조금 안정된 후에 선생님께 연락하고 싶은 그 어느 즈음에 내 제자들은 자리하고 있는 것 같네.

그래도 기억에 남는 제자들을 떠올려보자면, 내가 교직 4년 차였을 때 담임을 했던 남학생 S가 있어. 얼굴은 모델이나 연예인 저리가라인데 끼가 없어서 그쪽 길은 생각도 안 하고 열심히 공부만 하던, 참으로 순수하고 모범적인 남학생이었지. 평소 하는 말이나 행동이 정말 바른 아이여서 볼 때마다 감동 그 자체인 학생이었어. 이 친구 일화를 내가 일기에 적은 적이 있는데, '두 명씩 모둠 상담을 하던 도중에 한 녀석이 나중에 커서 사업가를 하고 싶다기에, 선생님도 하고 싶은데 선생님 같은 사람은 사업하면 망한다고 했더니 S 왈, "선생님, 제가 보증 서드릴게요."라고 한다. 하하하, 한참을 웃었네. 무슨 뜻인지나 알까, 귀여운 녀석.' 이라고 써놓았더라고. 아, S의 순수한 마음, 그게 그렇게 좋았는지 일기에도 썼더라. 졸업하고 군대에 다녀온 뒤로도 몇 번 연락을 한 거 같은데 어느 즈음엔가 끊겨서 매우 아쉬워.

가장 최근에 담임을 한, 그러니까 3년 전쯤에 만난 여학생 J도 기억나. J는 중학교 1학년 때 손목을 자꾸 칼로 긋는 자해를 일삼고, 학교도 시큰둥해하며 다니다가 2학년 때 내가 담임이 되었는데, 학기 중에는 가출도 하고 안 해본 게 없이 굴다가 언젠가부터 조금씩 결석도 안 하고 수업도 듣고 하더라구. 그 다음 해는 내가 휴직해서 몰랐는데, 학교 선생님과 통화하다가 중3이 되더니 J의 수업 태도나 생활 태도가 아주 좋아졌다는 이야기를 전해 들어서 다행이다 싶었지. 그동안은 뭘 물어보면 말도 짧고 문자도 짧게 하던 J가, 고등학교에 가서 나에게 보낸 문자가 기억나. 코로나 때문에 고등학교에 아예 등교하지 못할 때였는데, 일상 이야기를 하다가 내가 '고등학교 못 가봐서 어떡하니' 물었더니 '그것보다 선생님을 못 뵈러 가는 게 더 슬퍼요. 철없던 저를 진심으로 대해주셔서 감사했어요.'라고 하는데 와, 나 울 뻔했지 뭐야.

그 외에도 고마운 학생들이 참 많지. 나 보면서 국어 선생님 되고 싶어서 국어교육과에 진학했다고 알려온 C, 그렇게 독하게 굴었는데 졸업식 때 자기가 그때 선생님께 많이 잘못했다고 해서 내가 너무 놀랐던 H, 몇 년을 꾸준히 찾아오며 감사 인사를 전하던 Y도 생각난다. 그런가 하면 또 학급 회장이었는데 며칠을 무단결석하며 방황하다 결국 맘을 못 잡아서 지금은 어떻게 살고 있는지 모르겠는 T, 치료를 받으며 잘 지내다가 어느 날 욱하는 감정을 내게 여과없이 쏟아내서… 내가 상처를 받고 학기 중에 다른 곳으로 보냈던 K, 노력했지만 결국 끝끝내 쌓인 감정이 풀리지 않았던 D, 사고로 세상을 갑자기 떠난 A까지 생각해보면 아픈 학생들도 수없이 많았지.

떠올려보면 기억나지만 금세 잊기도 해. 다음 해가 되면 사실 완전히 잊을 때도 있어. 교사라는 직업이 매년 만나는 학생들이 달라지잖아. 그 해에 최선을 다하고 나면 또 다음 해에 새로운 학생들을 만나고. 그러다보니 그 해 아이들에게 최선을 다하기 위해 차츰 잊게 되더라. 그렇게 17년 가까이 지내왔어. 그래서일까? 담임을 하면 꼭 학급문집을 만들었단다. 매년 잊게 되는 아이들을 이렇게 그냥 잊어버리고 싶지 않아서. 그래서 제자 중 누군가에게 연락이 오면 꼭 문집을 들춰서 그때 기억을 떠올리곤 해. 지금 살펴보니 내게는 11권의 문집이 남았구나.

너한테 뒤지지 않기 위해 꾸역꾸역 예전 문집을 찾아보며 예시를 찾아보았네. 언제 봐도 문집은 추억이 방울방울이라 재밌어. 늘 어김없이 제자들에게 사랑받는 너를 보면서 비결이 뭘까 생각이 많았어. 부럽지 않았다면 거짓말이고. 같은 학교에 근무했던 시절의 학생들이 지금까지 연락한다는 것, 그리고 그 학생들이 쓴 편지들을 보며 나는 그때 학생들에게 최대한의 관심과 사랑을 주긴 했을까 부끄럽기도 했지. 분명 멈칫하고 경계하고 나를 보호하기 위해 이 정도까지로 선을 그은 적이 훨씬 많았으니까 당연한 결과일 거야. 난 너보다 젊은 나이였을 때도 그랬던 거 같아. 학생보다는 동료에게 인정받고 싶었던 속내가 컸던 것도 같고. 그렇지만 역시 날 위해 더 이상 너와 비교하지는 않으련다. 나는 교사 모임 안에서 적극적인 'E'인 걸로 만족하겠어. 내가 봤을 때 너는 제자들에게는 확실히 'E'야. 제자들을 끌어당기는 힘이 분명히 있어.(그래도 동의 없이 끌어안는 학생한테는 분명히 안 된다고 하는 선이 필요해. 이젠 그런 일 없겠지만.)

독서 연수 받느라 힘들었지? 함께 하고 싶어서 권했던 연수가 너에게도 도움이 되었으면 좋겠어. 지난번 편지 내용도 마음 써줘서 고마워. 어떤 나라도 인정해주는 구지를, 나도 어떤 나라도 인정한다는 응원을 보내며.

다음 주에 만나자. 랜선 말고 바깥에서.

2021년 8월 1일
'인싸'라는 말이 듣기 좋은 철수

구지's Letter
늦잠 자도 혼나지 않는 여름방학

친애하는 철수샘.

방학입니다! 방학이에요! 1주 남짓 남은 방학이 서운하고 아쉽지만 허무하지 않게 보내려 마음을 다잡아 봅니다. 방학이 짧다고 앓는 소리를 습관처럼 뱉어내고 있으나 출근하지 않는 평일은 사랑이네요. 알람 소리에 혼나듯 시작하는 하루, 어쩌다 십분 더 잠들어 버린 날 스스로에게로 쏟아내던 실망을 멈출 수 있는 방학. 일에 치우쳐 있던 삶의 균형을 바로잡을 수 있는 방학은 선물 같아요. (선물은 뜯기 직전이 제일 행복한데!)

조금 느긋해도 괜찮은 시간을 이번 방학 동안 누리고 있어요. 여유로운 첫 방학 같아요. 거창한 계획이 없는 방학. 물론 저의 역량을 고려하지 않고 벌여 놓은 일들로 조금 허덕이긴 하지만, 몸만큼은 여느 때 보다 편안합니다. 어딜 가겠다는 계획도 무얼 하면서 놀겠다는 마음도 먹지 않은 방학이라 그런 듯해요.

코로나 시국이 아닌 방학이었다면 국내라도 짧게 여행을 다녀오지 않았을까요? 이번 방학 동안에는 언니네 집이 있는 신도림에서 크게 벗어나지 않는 시간을 보내고 있습니다. 신도림으로 여행을 왔다고 생각해도 괜찮겠네요. 물론, 동네 탐방은 하지 않고 있으며 아파트 단지 내에서도 늘 길을 잃습니다.

'학기 중의 일하는 나'와 '방학 동안 일하지 않는 나'는 완전히 다른 사람인 것도 같고 교집합이 있는 존재인 것 같기도 해요. 무엇보다 방학 때의 나를 완전히 일하지 않는 나로 분리할 수 있을까? 의문이 들기도 합니다. 쉬다가도 2학기 진도를 위해 교과서를 펴고, 다른 선생님들의 수업 연수를 들으며 저도 따라 해보고 싶어 머릿속으로 수업 시뮬레이션을 돌려봅니다. 유튜브나 넷플릭스 등 다양한 매체를 보는 동안에도 수업에 활용하기 좋아 보이는 장면이 나오면 메모장을 펼치고 기록을 남기기도 해요. 학급에서 학생들과 하면 좋을 만한 활동이 문득 떠오르면 우리 반이랑 해 봐야지 다짐하고 있는 제가 있어요. 방학이라 오랜만에 만난 선생님들과도 학급 경영 아이디어 토의를 하고 있으니, 제가 방학 때 일하지 않고 있다고 할 수 있을까요? 이런 고민은 학기 중에도 늘상 반복되는 일상이죠. 그렇다면 학교로 출근하지 않고, 직접 수업을 진행하지 않는다는 게 학기 중과 방학의 가장 큰 차이겠네요. 방학 때 쉬지 못하고 학교 생각으로 꽉 찬 동료 선생님의 이야기를 들을 땐 진저리를 쳐놓고, 저도 똑같이 그러고 있는 걸 보면 교사의 삶은 어쩔 수 없다는 생각이 들기도 해요. 철수샘도 그렇지요?

여름방학에 들어가기 직전엔 너무 바빴어요. 이제 개학이 슬금슬금 다가오니 아무도 주지 않은 압박에 시달리기 시작했습니다. 한 단원 치의 학습지라도 만들어 놓아야 개학 후 여유 있게 수업을 이끌 수 있을 텐데, 라는 생각만 반복하고 실천하지 않는 날이 누적…

며칠 전, 우리 반 학생들이 잘 지내고 있는지 확인 차 개인 메시지를 모두 보냈어요. 처음에는 다 같은 메시지를 복사해서 보내야지 생각했는데, 카카오톡으로 한 명 한 명 이름을 클릭해 보내다 보니, 생각보다 하고 싶은 말이 다 다른 거 있죠. 그래서 조금씩 다른 내용으로 메시지를 보냈습니다. 학생들은 잘 지내고 있다, 선생님은 잘 지내고 계시냐, (아주 드물게…) 제가 보고 싶다는 이야기를 해주었어요. 짧은 대화였지만 학생들이 잘 지내고 있는 걸 확인하니, 저도 잘 지내야겠단 마음이 들었습니다. 학생들에게 지고 싶지 않네요. 방학을 알차게 보내라고 말만 하는 선생님이 되고 싶지 않아요.

이번 방학에는 도쿄 올림픽 여자 배구 경기를 열심히 보았어요. 처음부터 그랬던 건 아닌데, 터키, 브라질, 세르비아까지 세 경기를 보았습니다. 경기 규칙도 모르면서 경기가 끝나면 울고 있더라고요, 제가? 자기 일에 진심을 쏟는 사람들을 보면 저도 모르게 응원하게 돼요. 그래서인지 여자 배구는 종료 후에도 계속 울어요. 이겨도 울고 져도 우는 나. 우리 팀을 봐도 눈물 나고 다른 나라 팀을 봐도 눈물이 나요. 열심히 하는 모습이 멋있으면서도 속상해요. 최선을 다해 살아도 모두가 상을 받는 건 아니라는 점이요. 순위에 들지 않아도 과정이 좋았으니 괜찮다는 말, 정말일까요? 그거야말로 스스로를 속이는 주문은 아닐까 하는 의문이 들기도 해요.

이번 방학은 책을 많이 읽었고, 고양이들과 뜨거운 체온을 나누었으며 (언니네 고양이라는 게 함정), 집을 벗어나지 않는 시간을 많이 보냈습니다. 주로 친구들이 그리고 철수샘이 저희 (언니) 집으로 방문해주셨죠. 덕분에 여름의 무더위에도 지치지 않고 힘을 내어 하루하루를 꾸릴 수 있었습니다.

다정한 친구들의 방문과 마음 나눔으로 풍요로운 방학이었습니다. 남은 시간도 평화로운 시간이 되면 좋겠네요. 철수샘의 방학도!

2021년 8월 8일
끝나가는 방학이 아쉬운 구지 드림

철수's Letter
여름방학엔 아무 다짐도 하지 말기로 해

구지, 안녕?

여자 배구 경기를 보고 울었구나. 난 배구 경기나 다른 올림픽 경기를 실시간보다는 짧은 클립 영상으로 가끔씩 챙겨 보았어. 올림픽에 대한 관심이 이전에 비해 많이 떨어지긴 했는데 그래도 결과는 꼬박꼬박 찾아보았지. 여자 배구 경기는 잠깐 봤어도 선수들 모두가 끝까지 최선을 다하는 모습이 맞아, 참 감동이었어. 이번 방학은 올림픽이 있어서 좀 덜 심심한 것 같아.

주말보다 더 즐거운 단어가 여름방학인데, 개학이 며칠 안 남은 시점에서 이 편지를 쓰자니 슬픈 주제가 되고 있어. 개학 직전이 되면 늘 개학 준비해야 한다는 책임감과 방학을 더 즐기고픈 욕구 사이에서 갈팡질팡해. 물론 나는 방학 때도 근무를 하러 출근하긴 했고, 공문 처리도 열심히 했고, 교과 관련 온라인 독서 연수도 기획, 진행, 마무리까지 하느라 바봤어. 그래서 일 없이 쉬기만 한 방학은 아니었지만, 그래도 방학이라 함은 계속 쉬고, 계속 놀고 싶은 그런 존재 아니겠니. 거기다 여름방학은 휴가철이기도 하니까 말야.

방학을 하면 남편과 휴가를 맞춰서 캠핑을 가거나, 남편 없이 아이들과 함께 시가나 친정에서 며칠 묵고 오는 일정이 대부분이었는데, 코로나 덕분인지 때문인지 어디 다니지 못해 여름방학의 모든 날이 대부분 집콕이야. 작년에는 그래도 시가와 친정에 다녀왔는데 이번에는 참으로 긴 시간 동안 집에서 방학을 보냈어.

예전에는 방학이면 여행을 다녀오곤 했는데, 아이를 낳고부터 내게 해외여행은 그림의 떡이 된 지 오래야. 국내 여행도 마찬가지. 결혼 전에는 혼자서 아무 도시나 당일치기 여행을 다녀오기도 했는데 이젠 그럴 만한 열정과 체력이 없어. 육아도 하면서 학기 중엔 학교 일에 최선을 다하다 보니, 내게 방학은 코로나 이전에도 이미 주로 집에서 늘어진 휴식이 대부분이었던 거 같아. 내가 원래 여행 DNA가 없는 사람인 듯도 싶고. 너는 어제도 다른 도시에 있던데 나는 이번 방학에 제일 멀리 가본 건 신도림 너희 언니네 집인 것 같구나.

어쨌든 이번 방학은 너처럼 열심히 책 읽고 글 쓰고 여행을 하지는 않았고, 책을 사기만 하고 학기 중에 보고 싶었던 드라마를 정주행으로 격파하는 일상을 보냈단다. 중국드라마도 볼까 행복한 고민 중이야. 집에서 이렇게 편히 쉬는 게 말할 수 없이 행복하고 좋아. 시간은 흘러 이 여유도 곧 끝이 나겠지? 며칠 전에 출근해서 부장 회의를 하는데 다가올 일들을 생각하면 꽤나 머리가 아프더라구. 분명 2학기가 시작되면 하루하루가 미친 듯이 흘러가겠지만, 방학 때 아이들과 함께 집에서 삼시 세끼를 챙겨 먹고 아이들의 일상을 챙기는 것도 보통 일은 아니지만, 그래도 잠깐의 휴직 같은 이 시간이 너무 좋아. 그래서 난 방학 때 논다는 죄책감을 느끼지 않을 거야… 놀 때도 있지… 그래서 뭐요! 내 할 일 다 하고 노는데.

보통 방학이나 휴직을 하면 내가 하고 싶었던 일들의 리스트를 쭉 적어놓고 시작을 하는데, 이번에는 그러지도 않았어. 다만 이제 곧 책을 닥치는 대로 읽을 예정이야. 개학 직전에 항상 하는 일이 미친 듯이 책을 읽는 것인데 책 읽기가 세상 재밌는 시기가 개학 직전과 월요일 전날인 일요일 아니겠니. 그 시기가 왔어. 책이 재밌어지기 시작했음!

네 지난 편지를 읽고 나서 학습지를 미리 만들어야겠다는 압박을 잠깐 받긴 했는데 다시 까맣게 잊었어. 사실 말은 저렇게 했으나 책 읽기는 미뤄두고 이제는 정말 교재 연구를 해야 할 시간이란 것을 내 뇌는 알고 있지. 그렇지만 학기 중에 열심히 살았다는 말로 위안을 삼고, 이번 방학 때 그 어떤 다짐도 하지 않았음을 오히려 기특하게 생각하련다. 존경하는 선생님이 이번 연수 때 한 말이 있거든? '우리는 생산적인 일을 하지 않으면 죄책감에 시달린다. 아무 다짐도 하지 않아도 된다.'라고 말야. 그 말을 되새기고 있어. (근데 왜 점점 쓸수록 이번 편지는 망한 것 같다는 생각이 들지?)

우리의 지난 신도림 회담에서 네가 『우리 사이엔 오해가 있다』라는 책 이야기를 했지. 이슬아 작가와 응급의학 전문의 남궁인이 서로 편지를 나누는 내용인데, 남궁인이 '자신의 분량이 더 많으니 인세를 더 받아야겠다'라고 농담을 하자, 이슬아가 '분량은 많았으나 그게 모두 네 얘기 아니었냐. 편지는 상대방을 알아보는 시간인데 너는 나를 탐구할 생각은 있었냐' 하는 호통의 내용으로 남궁인에게 답장을 보냈다고 말야. 지금까지 우리의 편지를 돌아보니 감히 비유하자면 이슬아가 너 같고 남궁인이 나 같아. 늘 분량은 많은데 몹시 내 얘기뿐. 어우, 이슬아 님이 내 뼈도 때렸어.

산으로 가고 있는 편지를 서둘러 마무리할게. 몰랐을까봐 다시 이야기하면 여름방학에 관해 써보기로 했던 글이야. 나는 여전히 잘 놀고 있어. 구지도 아직 잘 놀고 있기를.

2021년 8월 14일
더 놀고 싶은 철수

구지's Letter
개학이 주는 양가적 감정

친애하는 철수샘.

으아, 드디어 개학입니다! 학생들과는 비대면 수업을 진행한 개학이었지만 출근이 시작되니 몸과 마음이 바빠지네요. 방학 동안 비축했으면 좋았을 체력을 뒤늦게 챙겨보려 출근하자마자 몇 알의 영양제를 입안에 털어 넣고 일을 시작합니다.

낮은 여전히 덥지만 해가 저물면 산책하기 좋은 시간이 오네요. 다정한 마음을 주고받을 수 있을 것 같은 저녁 기온이에요. 하루를 잘 보내야지만 비로소 받을 수 있는 선물 같습니다. 밤 산책을 자주 해야지, 매일 다짐하고 매번 거짓말쟁이가 되는 날이 반복된 이번 주였습니다. 다음 주는 내도록 비 소식이 있다네요. 마음먹은 걸 망설이다 보면 좋은 때를 놓치는 것 같아요. 그렇지만 다음 주로 다시 돌아가도 저는 아마 침대에 누워있을 것 같아요. 개학 증후군이겠죠?

비가 오고 나면 낮에도 가을이 오는 걸까요? 하루가 하나의 모습이 아닌 것처럼 개학 후 제 마음도 여러 가지로 나뉩니다.

개학이 너무 싫었는데, 막상 출근하여 동료 선생님들을 만나고, 비내년 수업이지만 학생들과 소통하다 보니 기분이 좋아집니다. 집에서 휴식하며 얻는 기운과는 다른 동력이 생겨나요. 일례로 방학 동안 집에서 홀로 상상으로 구현하던 수업 장면을 실제로 펼쳐낼 수 있잖아요. 수업을 진행하며 수업 구성에서 잘된 점과 수정이 필요한 부분을 발견하는 순간이 좋습니다. 빈틈없이 멋있는 수업을 구상했다면 더 좋았겠지만, 수업 역동성 속에서 길을 새롭게 찾아 나서는 시간이 의미 있게 느껴져요. 다음 수업에 보충하면 좋을 자료 찾기에 공을 들이는 제가, 지치기보다 신이 난 게 느껴지거든요. 학생들과 소통하며 만드는 수업 장면이 주는 힘이 분명히 존재하고, 저는 그 순간을 좋아합니다.

전면 등교를 준비하며 지그재그로 흩어놓았던 교실을 코로나 이전으로 돌려놓았습니다. 그 덕에 별관 모퉁이에서 한 학기를 보낸 우리 반이 본관 2층으로 이사하게 되었어요. 동떨어진 곳에서 다른 반 분위기를 읽지 못하고 방방 뜨던 기운이 다른 반들을 사이에 두고서는 좀 가라앉아 주지 않을까? 하는 기대를 하며 지난 금요일에는 교실을 쓸고 닦았습니다. 학생들이 깨끗한 교실에 들어오게 되면 기분이 좋을 것 같아서 시작하긴 했는데, 금방 지치더라고요. 열과 성을 다할 기운이 없었어요. 큰 교실을 홀로 청소하려니 조금 귀찮기도 했고요. 그런데 다른 반 담임 선생님들께서 너무 열심히 하셔서 어쩔 수 없이 계속 쓸고 닦았어요. 내키지 않았던 마음 때문인지 번쩍하고 광이 나는 다른 반에 비해 먼지가 없는 정도에 그쳤지만, '비교하지 말아야지.' 생각합니다. 그러면서도 좀 더 바지런 떨지 못한 게 아쉬워지기도 해요. 내가 해낼 깜냥이 아니었다는 걸 인정하면서도 왜 그걸 해내지 못한 걸까, 한편으로는 찝찝한 마음이 남아요. 가을이 아직 가을이 아닌 것처럼 제 마음도 아직 제 마음이 아니네요.

다음 주에는 3학년 학생들이 등교합니다. 학생들을 직접 마주할 생각을 하니 좋고 싫고 반갑고 귀찮고 즐겁네요. 학생들을 만나는 건 좋고, 그로 인해 몸이 피곤해지는 건 좀 싫고, 한 교실 내에서 소통하는 수업을 하게 되는 건 반갑지만, 학생 참여형 수업을 연구하기는 좀 귀찮은데, 또 그게 잘 되면 즐겁고 그래요. 이게 다 다른 마음 같기도 한데 그렇지 않기도 하거든요. 이런 복잡한 마음이 모두 다 제 것이라는 걸 인정하는 일은 왜 여전히 어려울까요. 좋을 때는 나를 긍정하다가 부정적인 감정이 들 때면 저를 몰아세우기도 합니다. 그런 마음은 표현하면 안 된다고 좋지 않은 감정이라고.

개학은 제가 다채로운 감정을 가진 사람이라는 걸 알게 하네요. (무슨 말을 하고 있는 거죠?)

 지난 편지를 쓰고 마뜩찮아 한 철수샘이 생각납니다. 이슬아와 남궁인의 서간문에 관한 이야기를 건넨 건 그런 의도가 아니었는데, 행간을 너무 시레심작하여 읽으신 게 아닌가 하는 마음이 듭니다. 저는 숨겨 둔 의도 같은 건 없었습니다. 지켜보기에 몹시 재밌는 랩 배틀 같은 편지 주고받음이었는데, 이슬아 작가의 날카롭지만 세련된 공격 방식이 멋있다는 이야기를 나누고 싶었을 따름입니다. (진짜로)

 해내고 싶었던 일이 많았던 방학이었는데, 그 기대에는 부합하지 못한 시간이 흘러가 버렸습니다. 언제나 계획을 좀 더 무리하게 짜는 습관이 있는 모양이에요.

 비가 엄청 내리고 있어요. 반가운 이와 점심 약속이 있는데 비가 많이 오니 또 조금 귀찮기도 하네요. 이건 반가운 이가 귀찮은 게 아니라 비 오는 날 나가는 일이 귀찮은 거랍니다. 철수샘은 비 오는 토요일에 무얼 하는지 궁금하네요.

2021년 8월 21일
편지 쓰는 건 안 싫은 구지 드림

<u>철수's Letter</u>
개학은 바쁨 더하기 바쁨

구지, 안녕?

개학을 하고 2주 정도가 흘러갔구나. 막상 개학을 하니 기상부터 잠들기 전까지 다시 루틴이 생기고, 일도 하고 일상이 균형이 잡혀서 좋…기는 개뿔, 끝없이 이어지는 업무에 정신줄을 겨우 잡고 있는 중이야. 그래도 학생들도 신경 써야 하는 담임 선생님들보다는 업무에 더 집중하면 되니 조금 더 여유 있게 하루를 시작…은 개ㅃ… 흠 그만 할게.

2학기에 일들이 몰려 있어서 연구부로서는 개학하자마자 매우 매우 바쁜 일정이 진행되는 중이야. 첫 주에 바로 교직원 연수를 하고 그 뒤로 컨설팅 장학 진행, 그리고 지역 대표 공개수업을 진행하고 마쳤지. 이제 남은 것은 동료간 교내 공개수업 진행, 학부모 대상 공개수업 준비, 학습준비물 추가 구입, 교과진도표 수합, 교원능력개발평가 준비, 학교평가 준비, 학교 공모사업 예산 잔액 및 교내 사업 진행 점검, 교원

학습공동체 활동… 더 있는데 생략할게. 읽기만 해도 숨차지 않니? 이런 것들을 해야 하고, 하는 중이야. 거기다 무슨 연구의 표집학교가 되었는데 말야. 이게 갑작스럽게 배정되었는데 업무 양은 거의 배너느님이라 정말 엄청 짜증이 났지만 또 꾸역꾸역 진행하고 있어. 아무튼 예상한 일들의 바쁨과 예상치 못한 일들이 던지는 혼란 속에서 2주를 보냈어.

물론 이 모든 일을 나 혼자 하는 게 아니고 부서 전체의 일을 읊은 것이지만, 그게 내 머릿속에 모두 들어가 있어야 하고 하나씩 완료해야 한다는 사실이 부담스러워. 그래도 작년에 비하면 앞으로의 일을 조금은 예상할 수 있고 업무를 훌륭히 해내는 부서원들이 있다는 게 다행이지만, 작은 학교라 그런지 확실히 업무량이 너무 많아. 그리고 큰 교무실에 앉아 있다보면 선생님들의 크고 작은 민원들이 들려오는데, 하… 그걸 듣고 있자면 개학한 게 실감이 난다. 이미 조정 기간이 다 지났는데 뒤늦게 '시간표를 바꿔달라', 아침에 전화 와서 '어제 수업이 연속으로 4시간 잡혀서 너무 힘들어서 오늘 아파서 결근한다', 9월 말까지 해야 한다고 학기 초에 미리 알렸는데 '공개수업 날짜 늦추면 안 되냐' 등등. 뭐 일부 선생님이 그러시는 거고, 또 들여다 보면 이해가 안 되는 것은 아니지만 뭔가 고분고분(?) 일하고 있는 사람 입장에서는 여러 가지로 좀 열 받는 거 같아.

그런 와중에 수업 준비는 당연히 해내야 하는 기본 옵션이란 것도 일상을 빡빡하게 하지. 이렇게 할 일이 많을 때면 나는 오히려 색다른 일들을 내게 미션으로 주어서 도피처로 삼곤 하는데, 이번에는 그 방편으로 업무와 전혀 연관 없는 온라인 연수를 2개 신청했어. 재무 설계와 타로 상담. 열심히 들으면서 잠시 업무를 잊었지. 이런 연수를 바쁜 와중에 들으면 집중력과 흥미도가 세 배는 올라간단다. 업무에서 잠시 벗어나서 잡학 지식 채우기. 우울함이 좀 사라져.

개학하며 그래도 좋은 것은 단기간일지라도 뭔가 계획하고 지키려고 노력한다는 거야. 6시에 일어나기, 아침 먹고 출근하기, 아침밥은 전날 밤에 미리 해두기, 커피 하루 2~3잔으로 줄이기, 웬만하면 칼퇴하기, 초과 근무는 하더라도 한 시간 이내로만 하기, 저녁 먹으면 바로 화장 지우기를 실천하려고 노력 중이야. 절반 이상은 지키는 중.

2학기가 되니 전면등교가 되면서 나도 교실에서 수업하는 게 좋아. 온라인 공간보다 숨 쉬는 교실 공간이 더 소통하기 좋고 수업도 재미있어. 그러면서 교재 연구도 열심히 하고 있는데 이런 나도 기특해. 그렇지만… 또 개학이 좋냐고 묻는다면 그렇다 답하긴 어렵네. 뭐 이렇게 또 2학기가 흘러가겠지?

등교한 3학년 애들과 일주일 잘 보냈니? 애들이랑 같이 있어야 또 힘이 나는 구지에게 무슨 재미난 사건들이 있었는지 궁금해. 답장 기다릴게.

2021년 8월 28일

너무 바쁜 철수

덧. 지난 비오는 토요일 뭐했는지 생각해봤더니 2학기 평가계획을 가지고 온라인 공부 모임을 두 시간 넘게 했네. 오, 나님 좀 멋짐.

덧덧. 우리 집 앞에 또 새식구가 왔어. 아침에 빨래하는데 세탁실 벽 너머로 자꾸 미야~ 미야~ 하는 울음소리가 계속 들려서 나가보니 정말 작은 노란 줄무늬 새끼고양이가 울고 있었어. 첨엔 까미와 꼬미가 나를 애타게 부르는 줄 알았는데 말야. 일단 깨끗한 물과 고양이용 참치캔을 챙겨주었어. 어미가 있는지는 모르겠고, 또 담분간 이곳에 있을지 어떨지도 모르지만... 근데 어쩐지 기분이 좋아.

구지's Letter
좋은 동료가 되고 싶습니다

친애하는 철수샘!

백신 마지막 (과연?) 접종까지 끝내고 컴퓨터 앞에 앉아 글을 쓰고 있습니다. 철수샘의 백신 후유증은 어떠한가요? 화이자 백신은 2차 접종 후유증이 24시간이 지나면 발현된다는 무서운 이야기가 있었는데, 저는 지금 괜찮습니다. 왼쪽 팔에 주사를 맞았는데 제가 왼쪽으로 누워 자는 습관이 있더라고요? 제 체중으로 팔을 누르다가 아우, 하며 일어나 반대쪽으로 눕기를 몇 번 반복했어요. 자면서도 나란 인간은 망각의 동물… 자꾸 왼쪽으로 눕는다….

아침에 일어나 보니 손발이 퉁퉁 부어 있긴 했는데, 부작용인지 어제 짜게 먹어서인지 잘 모르겠지만 시간 지나면 괜찮아지겠죠? 모쪼록 무사히 이 시기가 지나가기를 바라봅니다.

철수샘의 편지를 읽다가 생각이 났는데, 혹시 영화 「베일리

어게인」보셨나요? 반려견은 인간에 비하면 수명이 너무 짧잖아요. 세상을 떠난 반려견이 마음을 나눈 반려인을 찾아 계속 환생하는 내용의 영화입니다. 저의 두 고양이를 보고 있으면 슬픈 마음이 들 때가 있어요. 나보나 빠른 시계를 지닌 두 고양이를 대신할 존재는 세상에 없을 테니까요. 그래서 내 반려묘는 이 둘이 끝이라고 다짐해 왔는데 이 영화를 보고 마음이 조금 움직였던 기억이 있습니다. 까미와 꼬미가 노랑 아깽이를 보내준 거 아닐까요? 저들은 어디서든 잘 지내고 있으니, 이 친구를 잘 보살펴 달라고.

개학한 지도 어느새 보름 정도가 훅 지나가 버렸습니다. 거리 두기 4단계에 백신 접종 등으로 학생들을 비대면으로 보다 보니 몸이 평상시 개학 때만큼 피곤하지는 않았습니다. 화상으로 만나는 학생들의 실시간 반응은 언제나 즐겁고 재미있어요. 어제도 오전 수업 마치고 백신을 접종하러 간다는 제게, 백신 잘 맞고 건강하게 돌아오라는 아이들의 다정한 말을 건네어 받았는데, 그게 참 좋았답니다. 6개월 전만 해도 서로를 알지 못했던 아이들과 내가 이렇게 안부를 묻고 걱정해주는 사이가 되었다는 점이.

철수샘과 저도 동료로 직장에서 만난 사이죠. 제게는 동료였지만 이제는 친구가 된 좋은 선생님들이 제법 생겼습니다. 저의 기준에서 동료는 한 학교에서 근무하는 동안 가끔 밥 먹고 차 마시는 사이인데, 학교를 옮기고 나서도 애써 시간 내어 만나고 서로의 일상을 공유하는 사이로 넘어가면 그때부터는 친구라고 생각하게 됩니다. 철수샘도 저에게는 친구죠. 알고 계셨죠? (헤헤)

지금 학교에서도 동료로 지내고 있는 선생님들이 있습니다. 반년 정도의 시간이 흐르기도 했고 그래서인지 동료를 분류할 수 있을 것 같아요. 1. 같은 학교에 근무만 하는 동료, 2. 의논할 일도 있고 함께 해야 할 일도 있는데 날 힘들게 하는 동료, 3. 함께 일하기에 무난한 동료, 4. 학교 생활에 의지가 되어 사생활까지 공유하게 되는 동료. 4번에 들어가는 동료가 친구가 될 확률이 가장 높습니다. 전 1번은 괜찮은데 2번이 힘든 것 같아요. 아무래도 대부분 그렇겠죠? 같은 설명을 여러 번 반복하게 하거나, 단순한 업무는 물론 디테일한 부분까지 저에게 의지하는 동료를 볼 때면 속으로 '이럴 거면 당신의 월급을 내게 반은 주어야 하는 거 아닙니까!'라고 외치곤 해요. 그러나 저는 주로 3번의 역할을 맡고 싶은 욕구가 있기에 절대 그 말을 입으로 내뱉지 않습니다. 사회생활 잘하는 사람이고 싶거든요. 네, 희망 사항입니다.

동료는 가족이 구성된 원리만큼이나 신기한 것 같아요. 선택할 수 없고, 그 안에서 지지고 볶든 함께 지내야 한다는 점에서요. 예를 들면 저랑 언니는 성향이 너무나도 다르거든요. 그런데 사이가 좋아요. 의지도 많이 하고 이야기도 많이 나눕니다. 주고받는 이야기는 많지만 각자 바쁘다 보니 언제나 진심으로 응수할 수 있는 건 아닙니다. 더불어 공감을 바라고 한 말에 질타가 돌아오기도 하고, 나였다면 전혀 상상할 수 없는 말이 답변으로 돌아오는 때도 있어요. 그런데도 기분이 상하지 않는 게 신기해요. 언니도 제게서 그런 기분을 느끼고 있겠죠? 한편으로는 학교에서 반 친구로 만났다면 절대 친구가 되지는 않았겠다, 싶은 사이랄까요?

직장 동료도 그런 것 같아요. 직장이 같지 않았다면 단 한 번도 말을 섞지 않았을 사람들과 매일 인사하고 이런저런 이야기를 나누며 한 공간에 있을 수 있는 사이로 지내게 된다는 것이 신기해요. 그렇게 지내다가도 학교가 바뀌게 되면 또 금세 서로를 잊고 새로운 관계 속에서 적응해 가는 사이. 그런 사이가 있을 수 있다는 게 진짜 어른이 된 것 같고, 여기에 능숙하지 못하고 쭈뼛거리게 되면 아직 미숙하구나 싶어지는 이상하고 복잡한 지점. 그런 게 직장 동료를 대할 때의 제 마음이랄까요.

일하다 보면, 동료란 어떤 존재여야 할까를 고민하게 되는 일이 종종 있습니다. 또 나는 어떤 동료일까를 고민하게 돼요. 그 고민은 '앞으로 어떻게 살아야 할까?'라는 질문까지 이어지고요. 내가 일찌감치 임용이 되어 정교사가 되었다면 어떤 모습으로 교사 생활을 하고 있을까? 지금과 같을까, 다를까? 상상해봐요.

모든 일이 순탄하게 풀리는 삶을 살아왔다면, 지금의 저와는 분명 다른 모습일 수 있겠다는 무서운 생각을 하게 됩니다. 정교사 구지는 지금의 저보다 외적인 조건은 나을지도 모르겠지만, 어쩌면 내면은 지금보다 못할 수도 있겠다는 생각이 들어요. 어떤 마음인지 아실까요? 후일을 생각하지 않아도 되니 무례하게 굴었을 수도 있었겠다는 생각이요. 종종 내 안의 그런 모습을 발견할 때면, 나는 아직 멀었구나 싶어요.

저는 좋은 사람이 되고 싶은 욕구가 있거든요. 진짜 추상적이죠. 이렇게밖에 설명할 수 없는 어휘력을 가진 제가 좀 별로지만, 그래도 일을 알아서 척척까지는 아니더라도 무리 없이 해내고, 실수했을 때도 잘못을 인정하고 빨리 교정하는 사람이고 싶어요. 함께 일할 때, 최고까지는 아니더라도 '구지 정도면 괜찮지'라는 이야기를 들을 수 있을 정도의 사람? 다른 사람의 일에 방해가 되지 않는 범위 내에서 내 일을 해내고, 인간관계도 원만한 사람… 아 욕심이 많은 것 같기도 하고…….

동료에 대한 이야기를 하기로 했는데, 내가 어떤 동료로 보이면 좋을까를 고민하는 글이 되어버렸습니다. 제가 생각하는 철수샘은 좋은 동료에 해당하는 사람인데, 스스로를 되돌아보는 시간을 저처럼 많이 갖는지 궁금하네요. 그리고 그런 철수샘을 힘들게 하는 동료가 있다면 어떤 사람인지 궁금해요. 그 이야기를 듣다 보면 그 사람처럼은 되지 말아야지, 라고 저를 되돌아볼 수 있을 것 같거든요. 하하.

철수샘, 우리 건강하게 9월을 보내 봐요.

2021년 9월 4일
무난한 동료이고픈 구지 드림

철수's Letter
나의 힘, 나의 동료

구지, 안녕?

푸른 하늘을 요즘 부쩍 자주 보게 되는구나. 날이 그만큼 선선해졌어. 9월 7일이 우리나라가 처음 제안해서 채택된 유엔공식기념일 '푸른 하늘의 날'이래. 그래서 서울시에서 푸른 하늘 인증 캠페인을 하더라고. 찍어서 보내고 싶다는 생각을 잠깐 했지. 학교에서 근무하다보니 이런 특별한 날을 알게 되기도 하네. 물론 알고 싶지 않은 더 많은 일을 알게 되기도 하지만.

이번 편지는 동료에 대해서 얘기해보자고 했는데 생각보다 글을 시작하기 힘들었어. 네가 구분한 동료의 유형 네 가지 중 2번 동료에 대해서 그 누구보다 할 말이 많았거든. 2박 3일이라도 이야기할 수 있을 것 같았는데, 같은 부서에 같은 학년을 가르쳤던 작년에 비해 올해는 마주칠 일이 적어서 그런가 생각보다 의지가 활활 타오르지 않네. 작년에 내가 이

분 때문에 너무 열 받아서 너에게 글을 써서 보냈던 거 기억하지? 폭포처럼 감정을 쏟아내는 심정으로 첫 글을 썼던 기억이 나. 그땐 그렇게 힘들었는데, 제발 헤어지게 해달라는 주문이 올해 이뤄져서 이렇게 일상이 평온해졌어. 물론 여전히 여러 가지 스트레스 받는 일들이 없진 않지만 말야.

작년에 처음 보낸 그 긴 글을 보고 네가 그랬지. '나를 지치게 하는 사람과의 1년'이라는 제목으로 독립출판물을 내보라고. 그 말에 자극을 받았는지 내가 그 뒤로도 네 편이나 더 그 분에 대한 글을 썼더라. 그때 쓴 첫 글을 다시 보니 내가 그 사람의 싫은 점을 22가지나 적었더라고. 한 사람을 그렇게 치 떨리게 싫어할 수도 있구나, 내가 그런 유형을 싫어했구나, 그런 생각이 들더구나. 지금은 그 정도는 아니지만 당시엔 정말 말 섞는 것도 힘이 들었어. 매일 퇴근 후에 남편과 이야기하면서 그나마 평정을 찾다가도, 다시 학교에 가서 얼굴을 보는 일상이 나는 너무 힘들었어. 생전 끼지 않는 헤드셋을 쓰고 일을 할 정도로 말야. 오죽하면 교장 선생님이 내 얼굴을 보고 하루 정도 병가를 쓰라고 했을까.

'내가 이해를 해야 하는 것이 아닐까. 그럴 수 있지 않나. 그럴 만한 사정이 있을 거야.' 하며 참다가 참다가 의지하는 동료 몇 명에게 푸념을 늘어놓고 나서야 조금씩 나아졌던 기억이 나. 어디가 아프실지도 몰라 생각하기도 하면서.

그래도 웃긴 게 나한테 최후의 구원은 역시 책이었는데, 최근에 우연히 성인에게서 나타나는 주의력결핍 과다행동장애 관련 책들을 연달아 읽게 됐고 거기서 답을 찾은 것 같아. 정지음의 『젊은 ADHD의 슬픔』을 읽다가, 성인 ADHD 진단을 받은 작가가 주변인들이 자신을 평가하는 내용을 추려놓은 부분에서, 그 분에게서 보았던 많은 면들이 소개된 걸 본 거야.

충분히 설명해도 자주 까먹고, 생각 없이 말한 것 같은 농담을 하고, 물건을 잘 잃어버리며, 무리하게 파고들다 무리하게 정지하고, 누구나 할 수 있는 실수를 하지만 그 빈도가 잦아서, 업무를 부탁하면 오히려 열 번 중 아홉 번은 다른 사람 손이 가야 하는 그런 일련의 행동들이 그 증상의 발현일 수도 있겠다는 생각을 책을 읽고 나서야 했어. 뭐, 내가 전문가가 아니라 확신할 수는 없고 막연히 생각하는 거야. '도대체 왜?'에서 어떤 증상일지도 모른다는 인지를 하고 나니 그래도 머리로 이해는 하게 되었지. 괴로움이 덜해졌어.

그 동료를 만나서 좋았던 점은 덕분에 내가 글을 쓰기 시작했다는 것, 아직 인생에 배울 것들이 많이 남아 있음을 깨달았다는 것, 그리고 동료로서 나의 모습을 다시 한번 돌아보게 된다는 것. 이렇게 세 가지 정도야. 그 분도 나를 좋아할 것 같진 않아. 인생에서 사람은 여러 동료를 만나는데, 내가 이렇게 싫어한 사람은 살면서 처음이었어. 게다가 싫어하면서 들었던 감정, 그러니까 나도 이해할 수 없는 나의 부정적인 모습이 있잖아. 그 모습을 마주하는 것도 유쾌하지 않았지. 자주 머릿속에 나쁜 말이 떠다니는 내가 쓰레기 같았다구!

암튼… 그런 것들을 직면하는 슬픔이 오히려 나를 갉아먹었던 거 같아. 어쨌든 당황스러웠던 상황은 지나가고 있고 지금은 마음도 좀 평온해졌지. 내가 올해 만난 업무 동료들은 모두 훌륭하다는 것에 큰 위안을 받고 있기도 하고.

나도 너처럼 좋은 사람이고픈 인정 욕구가 커. 학교에서도 인정받고 싶지만, 무엇보다 나를 인정하고 춤추게 하는 건 전국국어교사모임의 독서 모임 동료들이야. 이들은 서로를 통해 늘 배우고, 또 서로를 지지해줘. 그러면서 스스로 성장할 수 있게 도와주지. 떠올리기만 해도 가슴이 뭉클해지고, 뭔가 더 하고 싶게 만드는, 그래서 내가 나를 더 좋은 사람이 되고 싶게 만드는 그런 모임.

너에게도 자랑한 적이 많은데, 최근에 너를 그 모임에서 진행하는 연수에 초대할 수 있어서 기뻤어. 돌아보면 나는 항상 그런 소모임을 통해서 성장해 왔던 거 같아. 대학 때 동기들은 동료를 뛰어넘어 동지였고, 첫 직장에서 인연이 닿은 발령 동기들은 여전히 내 삶에 든든한 친구가 되어 주고 있으며, 그 뒤로 만난 여러 직장 동료들도 나를 성장시켜준 사람들이 많았지. 그렇지만 지금 나에게 가장 좋은 동료는 바로 전국 어딘가에서 자신의 삶을 열심히 살고 있고, 그걸 기꺼이 나누고 있는 그 독서모임 사람들이야. 일 년에 네 번 정도는 얼굴을 보며 에너지를 얻었는데 작년부터는 코로나 때문에 어쩔 수 없이 원격으로 만나기 시작했어. 그런데도 화면 너머의 에너지가 찌리릿 하고 전해지는 사람들이지. 나는 평생 이 사람들과 함께 교육을 고민하는 자리에 끼어있기만 해도 좋을 것 같다는 생각을 해. 네게도 그런 평생 동료가 생겼으면 좋겠다.

  너와는 1번 동료였는데 우연히 친하게 되어서 4번 친구 사이가 된 게 신기해. 알면 알수록 괜찮은 친구, 나는 과연 너에게 그런 친구일까 돌아보게 되는 사람. 일찍 정교사가 되었다면 달라졌을까, 지금보다 내면은 더 못했을지도 모른다는 네 고민을 나는 알 것도 같고 모를 것도 같다. 무례했던 동료교사를 참 많이 봐왔기 때문에, 거기에 정교사도 기간제교사도 분명 자리했기 때문에 애써 무시하려고 하는 건지도 모르지. 그렇지만 너는 언제나 내 내면보다는 확실히 훌륭할 거란 확신이 있어. 넌 좋은 사람이란다. 좋은 동료이자 좋은 친구란 사실은 그 어느 때라도 변하지 않을 거야. 너무 확신했나? 사람 일 어떨지 모르니까 늘 돌아보고 서로 조심하자, 우리. 히히.

무서운 소문이 무성하던 백신을 그래도 2차까지 무사히 맞고 조금은 일상으로 돌아갈 수 있을까 해서, 3번에서 4번으로 갈지도 모르는 직장 동료들과 곧 맥주를 마시자는 기약 없는 약속을 해두었어. 이런저런 얘길 많이 했지만 동료 사이에 친해질 수 있는 계기는 나는 아무래도 술인 것 같아. 다 필요 없고 아무튼 술! 너랑도 어서 같이 맥주 마실 수 있으면 좋겠어.

2021년 9월 11일
어쨌든 글을 쓰게 되어 다행이라 생각하는 철수

덧. 고백할 게 있어.

지난번에 우리 집 앞에 왔다는 노란 줄무늬 새끼 고양이 말인데 그날 퇴근하는 남편에게 좀 살펴보고 오라 했더니 내가 준 밥을 하나도 먹지 않고 울기만 한다고 하더구나. 밤에 남편이랑 가볍게 맥주를 마시는데 남편이 자꾸 그 새끼 고양이를 보러 갔다 오는 거야. 으름장을 놨지. 행여라도 데리고 올 생각은 추호도 하지 말라고. 생명을 새로 들이는 것에 나는 동의하지 않았다고. 불쌍해도 절대 안 된다고.

그럼지만 남편은 부스럭대며 나 몰래 잠자리채를 챙겨 나가더니 그 녀석을 구조해 왔어. 내가 어이 없어 하자, 어미가 보이지 않는다며 일단 살려야 하지 않겠냐고. 밤에 비도 올 텐데 이 녀석 죽을지도 모른다고.

실제로 보니 낮에 멀리서 봤을 때보다 더 조그맣고 마른데다 귀에 상처도 있고 지저분한 것이 어미랑 헤어진지 꽤 된 거 같더라고. 아무것도 못 먹더니 남편이 씻기고 나서 캔 사료를 주니까 조금 먹었어. 우리집 애들은 아주 환장하며 좋아하고, 왜 데려왔냐고 뭐라 하는 나만 나쁜 사람이 되었지.

일단 하루 재우고, 다음날 사료를 사고 모래도 사서 화장실을 설치해줬더니 바로 대소변을 보고 사료도 먹더라. 먹지도 못하던 애가 하루 자고 대소변을 보니까 뭔가 기특하고, 살아난 것이 대견하고. 아, 그러나 대변 냄새는 싫고. 이런 온갖 감정으로 현재 2주가 지났어. 그 사이에 병원도 두 번이나 갔다 왔는데 귀의 상처는 피부병이란 진단을 받고 치료 중이고 두 번째 갔을 때는 몸무게가 100g이 늘었지.

이 녀석이 와서 좋은 건 우리 아이들이 행복해한다는 것과 보고 있으면 귀여워서 기분이 좋아지는 것, 주말에도 밥을 주기 위해 일찍 일어나게 되어서 하루가 길어졌다는 거야. 다행인지 아닌지 우리 둘째는 강아지털 알러지만 있고 고양이는 괜찮네! 나는 아직도 평생 데리고 있을 건지 결정하지 않았지만 이미 남편과 우리집 어린이들은 식구로 받아들이고 지내고 있어.

아, 나만 준비없이 하루 아침에 집사가 되어버린 기분이랄까. 근데 결국 주기적으로 사료 주고, 대소변 치우고, 목욕시키고, 약 발라주고, 숨숨집 사고, 간식 사고, 장난감 사는 건 나라는 사실. 이러면서도 나는 아직 마음을 못 정했다는 거.

선배 집사님 저는 어쩌면 좋을까요.

구지's Letter
동아리, 잘 꾸릴 수 있을까요?

친애하는 철수샘.

추석을 앞둔 주말입니다. 아침저녁으로 제법 선선한 바람이 불기도 하고 추석이 코앞인 걸 보니, 2021년도 마무리해야 하는 시점이 다가오고 있는 게 실감이 나네요. 추석맞이 귀향 짐을 싸다 글을 쓰고 있습니다.

보고 있으면 기분 좋아지는 아깽이를 식구로 맞이하셨다니! 축하드려요. 이제 헤어나올 수 없는 집사로의 삶에 철수샘도 진입하셨군요! 처음 첫째를 들였을 때, 재채기만 해도 안고 동물병원으로 뛰어가던 제게 수의사 선생님께서 말씀하셨어요. 제발 그만 오시라고. 앞으로는 전화로 물어보고, 병원에 오라고 하면 그때 오라고. 너무 사소한 일에도 의연하지 못했던 제가 있었거든요. 암튼, 제가 그때 지녔던 설렘과 조바심으로 막내를 보살피고 계시겠네요. 헤헤, 같은 집사가 된 것을 환영합니다. 제가 다 신나네요.

철수샘도 이번 연휴에 내려가시죠? 저는 이번 추석은 제주도 언니네에서 1차, 본가에서 2차를 보내기로 했습니다. 제주도에 다녀와서 차례를 지내겠다는 아빠의 고집을 이길 수가 없었어요. 월요일 저녁에는 본가로 돌아가 차례 음식을 차려야 합니다. 화요일 오전에 차례를 지내야 하니까! 꺾을 수 없는 고집이라는 걸 받아들이고 순순히 들어드렸으면 착한 딸이라도 되었을 텐데, 그러지 못하고 한바탕 신경전을 벌였습니다. 엄마 귀한 줄 모르는 아빠의 '하면 된다!(나 빼고)'의 태도에 너무 화가 났어요. 거의 난생처음 아빠에게 언성을 높여 본 것 같습니다. 물론 직접은 못하고 전화로…. 그렇게 며칠이 흘렀고 서로 데면데면한 상태로 내일 제주도에서 마주하겠네요. 어색하겠지만 오랜만에 만나는 부모님이니까 더는 모나지 않게 둥글둥글 굴러다니다가 오겠습니다. 제주도는 태풍의 영향권으로 바람이 많이 분다고 하네요.

저는 이번 학교에서 '미디어 리터러시' 동아리를 운영 중입니다. 미디어를 접하는 본인의 태도를 돌아보는 시간, 같은 거대한 포부가 있었으나 제 동아리를 찾아온 친구들은 '가위바위보 져서 왔어요.'가 제일 많았고, '담임 선생님 동아리니까.'가 두 번째였습니다. 공통점은 '미디어 리터러시가 뭐 하는 동아리예요?'라는 질문을 안고 왔다는 점 정도였어요. '미디어 문해력'이라는 말에 '문해력은 또 뭔가요?'라고 묻는 아이들. 뭐랄까. 내가 이걸 잘할 수 있을까? 내가 무턱대고 너무 거대한 걸 동아리 제목으로 써버린 거 아닐까? 반성하다가도 책임감이 들었습니다. 영상 매체의 홍수 속에 살아가는 학생들에게 콩 한 쪽 징도의 크기라도 의식 있는 시선을 갖게 하는 일이 의미 있지 않겠어요? 저는 유튜브 10분 남짓의 영상도 끝까지 못 보는 옛날 사람이지만, 학생들은 알고리즘을 따라 종일 유튜브를 보며 놀기도 하더라고요.

시작할 때의 포부와 달리 동아리 운영은 벅찰 때가 많아요. 제 마음같이 동아리를 좋아하며 몰입해주는 학생을 만나기란 교과 수업보다 훨씬 어려워요. 다양한 매체를 활용해 진입장벽을 낮추면서 의미 있는 메시지를 전달하기 위한 수업? 포부가 너무 컸던 걸까요. 제가 재미있게 보았다고 해도 학생들은 흥미를 느끼지 않는 경우도 많고, 제가 의도한 내용보다 학생들이 다른 것에 주목하는 바람에 함께 방향을 잃어버리는 일도 잦아요. 코로나 시대가 아니라면 볼링이나 자전거 타기, 도서관 탐방 등으로 여기저기 외부로 나가는 동아리 활동으로 구성했을 텐데, 그럼 학생들도 저도 더 즐겁게 동아리 시간을 기다렸을 텐데요.

동아리 수업을 위해, 학생들에게 의미 있는 영상, 재미있는 영상을 추천해달라고 물어보고 다녀요. 제가 발견할 수 있는 영상은 한계가 있다고 생각돼서요. 여기저기 추천받은 영상을 동아리 활동을 앞두고 구해서 먼저 시청해 보다가 탈락, 탈락, 탈락시키는 게 여럿입니다. 제게는 12세 이상 관람이라 해도 학교 수업 내 틀 수 없는 영상들이 존재하거든요. 폭력적인 장면이 직접 드러나지 않았으면 좋겠고, 지나치게 많은 비속어 사용이나 충격적인 장면이 자주 나오는 것도 탈락이에요. 이러다 보니 틀 수 있는 영상이 별로 없어요. 세부 차시 준비 없이 덜컥 1년 동아리 수업을 하겠다고 선포하면 안 되는 것이었음을 동아리 시간을 준비할 때마다 느끼고 있습니다.

가짜뉴스나 문해력을 다룬 수업을 할 땐 학생들이 참여도 잘하고 재미있어했는데, 소설 원작을 드라마 매체로 옮겼을 때의 공통점과 차이점을 찾고 의견을 나누는 활동을 할 때는 지루해하더라고요. 저 혼자 수업을 구상할 때는 나쁘지 않은 수업 같았는데, 학생들의 집중력 흐려진 눈을 보고 있으면 저도 덩달아 재미없어지는 기분, 무언지 아시죠? 준비를 많이 해도 실패가 많은 수업이 동아리 수업인 듯합니다. 더 많은 걸 느끼게 해주고 싶은데, 의욕만 앞선 교사의 역량 부족을 느끼는 중이랄까요.

동아리는 대체 무얼 해야 좋을까요? 지금과 같은 마음이라면, 내년엔 '미디어 리터러시' 동아리는 못 할 것 같은데, 뭘 해야 하죠? 벌써 내년 동아리를 꾸려나갈 일이 걱정입니다.

철수샘은 올해 무슨 동아리를 한다고 알려 주셨던 것 같은데, 기억이 잘 안 나네요. 보석 십자수? 캘리그라피? 뭐였죠? 동아리 운영 팁을 전수하는 편지를 답장으로 구구절절 써주세요. 내년의 구지를 위하여!

행복한 추석 연휴 보내세요!

2021년 9월 17일
동아리 팁이 필요한 구지 드림

철수's Letter
동아리는 힐링이지!

구지, 안녕?

추석은 잘 보내고 왔는지, 아버지와 화해(?)는 잘 했는지, 제주의 가을은 어땠는지 궁금하구나. 나는 이번 추석에도 여느 때와 다름없이 광주에 내려가서 차례상을 차렸어. 사실 결혼하기 전에는 제사상을 제대로 본 일도 거의 없었거든? 제사 지내는 큰집에 가더라도 사촌들하고만 놀았지 상차림은 내 일이 아니었고. 결혼하고 처음으로 뉴스에서나 보던 종갓집 저리 가라 제사상을 보고 너무 깜짝 놀랐는데, 인간은 역시 적응의 동물인지 지난 13년간 맏며느리인 형님을 도와 시가 쪽 조상님들 (엄밀히 말하면 시할머니 빼고는 모르는) 제사상을 열심히 차려왔어.

그런데 지난 명절부터는 남편들이 어떤 자각을 했는지, 음식 준비를 제대로 하기 시작하더라고? 함께 준비한 덕분에 이번 추석도 차례 지내기가 수월했어. 명절이 끝나고 서울로 돌아올 때 차 안에서 남편이 그러더구나. 이전에는 왜 그렇게 아무것도 안 했는지 모르겠다고, 음식을 직접 하고 같이 먹으니 더 마음이 다르다고, 그동안 철없는 남편 때문에 고생했다고. 그때 내 속마음은 한 마디로 '헐'이었어. 사회가 변하긴 했나 보다 싶고 말야. 내가 그렇게 말로 얘기할 때는 참 바뀌지 않던 남편의 사고가 어느 순간 스스로 바뀌다니. 시대의 변화인가? 아님 그동안 부지런히 페미니즘 책을 사다 서재에 놔둔 보람이…? 아무튼 이런 변화가 너무 반갑게 느껴져.

그건 그렇고 '미디어 리터러시'라니 참 구지다운 동아리 이름이다. 나도 한때는 독서 토론 동아리를 만들어서 수업보다 더 열심히 자료를 만들던 시절이 있었어. 지금은? 무조건 나의 힐링을 중심으로 동아리를 개설해. 그러므로 내가 줄 수 있는 동아리 팁은 내가 수업을 진행하지 않도록 외부 강사를 섭외하는 것!

편지를 쓰면서 나의 동아리 역사를 되돌아봤는데, 확실히 교직 초반에는 교지편집반, 독서토론반, 도서반 같은 교과 관련 동아리를 떠맡아서 했어. 교지도 물론 재미있었고, 독서토론도 열심히 준비해서 아이들이랑 재밌게 했던 기억이 나. 그런데 시간이 지나면서 업무와 수업에 허덕이다 보니 동아리에까지 힘을 쏟는 게 쉽지가 않더라고.

무엇보다 동아리를 하면서 나도 그 시간에 취미생활을 아이들과 같이 하고 싶어졌어. 그래서 십자수 동아리를 시작해 봤는데, 아차. 십자수를 할 줄도 모르면서 배워서 가르쳐보겠다는 안일한 생각을 한 거야. 내가 손재주가 없다는 사실을 망각한 거지. 다행히 십자수를 잘하는 아이들에게 기대서 겨우 진행했던 경험이 있어. 그 뒤로는 생각했지. 내가 그래도 조금이라도 잘 할 수 있는 게 아니라면 강사를 섭외해서 나도 배울 수 있는 걸 하자!

그리고 지금은 외부 강사를 섭외해서 3년째 캘리그라피 동아리를 하고 있어. 나도 재료비를 같이 내고 배우고 있는데 정말 좋아. 물론 학교 업무 때문에 작품을 완성 못할 때도 있지만 잠깐이라도 뭔가를 만드는 게 너무 재밌어. 외부 강사를 모시면서 한 생각은, 전문가가 괜히 전문가가 아니다! 잘 못하는 건 무조건 전문가한테 배워야한다! 그게 내 결론이야. 덕분에 추석 전에 진짜 바빴는데 동아리 시간 동안 힐링하고 평소보다 빨리 후다닥 조퇴를 했지.

물론 구지의 동아리도 국어를 실제 생활로 확장한다는 점에서 무척 좋다는 생각이 들어. 우리가 교과 수업만으로 국어를 배울 때 어떤 한계에 부딪히게 되잖아. 그럴 때 국어 관련 동아리들은 관심 있는 학생들에게 정말 도움이 되지. 물론 준비가 힘들지만… 한 해 한 해 하다 보면 쌓이지 않을까? 그리고 너는 그 자료를 나에게 넘겨주면 된다! 후후. 맛난 거

사줄게.

요즘 우리 집 어린이들이 아이콘의 '사랑을 했다' 이후에 최고로 좋아하고 잘 부르는 노래가 있는데, 이무진의 '신호등'이란 노래야. 초딩들의 맘을 홀린 멜로디도 좋지만 쉬운 가사가 매력적인데, 후렴에 이런 가사가 나와.

> 붉은색 푸른색 그 사이 3초 그 짧은 시간
> 노란색 빛을 내는 저기 저 신호등이
> 내 머릿속을 텅 비워버려 내가 빠른지도
> 느린지도 모르겠어 그저 눈앞이 샛노랄 뿐야

초보 운전자가 붉은 신호나 푸른 신호는 잘 따라가는데 노란 신호등을 만날 때 당황한다는 걸 듣고 이무진 가수가 직접 가사를 쓴 곡이래. 처음 사회생활을 겪을 때 사람들이 여러 조언들을 하잖아. 그 중에서 '알아서 해'라는 말이 본인은 가장 힘들었다고 해. 우리 애들이 시도 때도 없이 불러서 처음엔 동요인 줄 알았는데, 초보의 마음을 노래한 거란 걸 알고나니 되게 좋더라고. 물론 너도 나도 초보라고 하기에는 나이를 제법 먹었고 경력도 쌓였지만, 아직도 가끔 첫 길을 닦는 것 같은 기분이 들 때가 있고 덩달아 당황할 때가 있잖아? 그때 비빌 수 있는 건 비슷한 처지의 동료나 나보다 먼저 이 길을 간 선배, 혹은 나보다 통찰력 있는 후배와의 대화 아니겠어?

유행가를 빌려 하고 싶었던 말은, 구지 잘 하고 있음. 조만간 나에게 줄 파일을 기대하겠음.

2021년 9월 25일

동아리 활동 파일을 기다리는 철수

덧. 우리 집에 들어온 길냥이는 가족 회의를 거친 후 정식으로 식구가 되었음. 살아난 녀석은 지금 캣초딩이 되어 온 집안을 우다다다 활보 중. 우리집 식물을 뜯어먹는 참사를 본 이후 초보 집사는 현재 캣타워 가격을 알아보고 다니는 중. 그런데 진짜 귀여움.

구지's Letter
잘하려다 어색해지는 공개 수업

친애하는 철수샘.

어떻게 지내고 계신가요? 요즘 일교차가 커요. 밤이면 선선한 바람이 불어와, 여름 동안 열어두었던 창문을 닫고 도톰한 가을 이불 속에서 잠을 청합니다. 서늘한 밤과 달리 낮은 여전히 덥습니다. 좋아하는 트렌치코트를 조금이라도 더 길게 입고 싶은데 그럴 수 없어 아쉬운 날씨에요. 그렇지만 너무 빨리 겨울이 오는 것보다는 이 시기가 더 길었으면 해요. 체감보다 언제나 한발 먼저 흘러가 버리는 시간이 아쉽습니다. 편지 쓰다 보니 단풍 구경 가고 싶네요. 단풍은 한 달 정도 더 기다려야 하더라고요. 코로나가 기승이라 어디 다니기 조심스럽긴 해도, 창덕궁의 노란 은행나무만큼은 꼭 보러 다녀오고 싶어지네요.

철수샘의 지난 편지를 다시 읽은 후, 이무진 노래를 틀어놓고서 편지를 쓰고 있습니다. 저도 모르게 흥얼거리게 되네요. 철수샘의 어린이들이 노래를 따라 부르는 모습을 상상하면 행복해요. 그 노래를 들으며 막내가 된 어린 고양이는 우다다 뛰어다니고 있겠죠? 평온하네요. 저는 멀리서 상상만 하면 되니까요. 철수샘의 마음은 상상하지 않는 걸로…….

동아리를 만들 때 평소 해보고 싶었던 수업을 시도해보는 것도 좋겠지만, 힐링이 되는 시간을 갖는 일도 한 방법이 될 수 있겠네요. 전 매번 의욕이 앞서고 마무리가 잘 안 되는 성격인데, 애초에 제가 할 수 있는 깜냥을 가늠할 수 있으면 좋겠어요. 캘리그라피는 진짜 좋아 보여요! 한때 저도 배우고 싶어서 이것저것 찾아본 적이 있는데, 동아리를 통해 나도 학생들도 함께 배우면 좋은 취미 생활이 될 수 있을 듯해요. 내년에는 어떤 힐링 동아리를 꾸려 볼까 기분 좋은 상상을 하다가도, 당장 다음 주 화요일에 미디어 리터러시 동아리 수업이 닥쳐와서 또 이런저런 영상을 찾고 있습니다. 끝나지 않는 동아리 고민!

오늘은 공개 수업에 관해 이야기하려 합니다. 처음 교단에 섰을 땐, 공개 수업이 너무나 부담스러웠어요. 그간 나의 허술한 수업 진행이 들통나는 건 아닐까 하는 부담감에 숨이 턱턱 막히기도 했어요. 한편으로는 기왕이면 잘하고 싶다는 욕심으로 이것저것 구성하다, 난생 처음 학생들과 해보는 수업 활동 구성으로 폭망하기도 했었죠. 사람은 역시 하던 걸 해야 합니다. 새롭게 무얼 연습 없이 하면 탈이 나게 되어 있는 모양입니다. 그렇지만 구지는 올해는 다를 거라며 같은 실수를 반복하고……

직년부터는 코로나로 인해 원격으로 수업 공개를 했어요. 대면으로 공개 수업을 하면 다른 선생님들 혹은 학부모님들이 교실 뒤편에 계셔서 의식하게 되는 경우가 많았어요. 원격 수업 공개는 그 마음이 좀 덜하더라고요. 녹화된 수업 장면을 공개한다고는 했지만 제가 없는 곳에서 제 수업을 보는 건 조금 덜 신경 쓰인다고 할까요? 부담이 없었단 얘기는 아닙니다. 녹화하고 있다는 사실을 학생들에게 안내했음에도 불구하고 개그 욕심을 숨기지 못하는 짓궂은 학생 몇몇 덕에 식은땀 흘리는 장면이 고스란히 녹화되었어요. 그걸 다시 보니 너무 웃기더라고요. 이 영상을 누가 볼 수 있다는 생각에 굳어버리던 나, 돌발상황에 유연하게 대처하지 못하는 나. 학생들과 저만 있었다면 저도 그 학생의 개그를 받아주며 더 장난스럽게 대처했을 수도 있는데, 수업에 열중하는 멋있는 모습만 보여주고 싶었던 욕심에 뭔가 우스꽝스러워진 장면이 고스란히 녹화되어 있었어요. 두고 보자 우리 반… 싶었는데, 뭐 그마저도 귀엽게 느껴져 흐지부지 넘어갔지만요.

공개 수업에 대해서는 연구부장인 철수샘이 하실 말씀이 더 많을 것 같습니다. 저는 그냥 실행 버튼만 누르면 되는 사람인데, 총괄하고 관리하는 역할을 하는 건 연구부장님이니까요.

지난주에 중간고사가 끝났어요. 이번 시험 때는 학생들에게 힘을 주고 싶어서 서술형 문제에서 '선생님이, 너희를, 응원한다'라는 답이 나오도록 문제를 구성했습니다. 물론 문제를 맞혀야만 제 마음을 받을 수 있다는 함정이 존재했지만요. 제 예상대로(?) 학생들은 문제를 풀면서 마음이 말랑해졌나 봐요. 답안지에 '선생님 감동이에요.'를 쓴 후 채점에 지장을 줄까 봐 두 줄로 지워낸 학생도 있고, 답안지 귀퉁이에 작게 이모티콘을 그려 답을 해준 학생도 있었습니다. 덕분에 채점하면서 저도 기분이 너무 좋았어요. 문제를 구상하고 만드는 동안에는 괜한 일을 벌인 건 아닐까 걱정했는데, 학생들의 반응이 예쁘고 귀여워서 행복하더라고요.

학생들은 왜 이렇게 귀여울까요? 기말고사에는 어떤 문제로 학생들에게 응원을 건네 볼까 벌써 고민이 됩니다. 문법 단원이 끝나서 쉽지 않을 것 같은데, 혹시 풀면서도 즐거울 수 있는 문제 출제의 팁이 있으신가요? 있다면 공유 부탁드려요. 헤헷.

창밖의 하늘이 너무 맑고 아름답네요. 집 안에서 머무르기 아까운 날 같아 편지를 마무리하고 잠시 산책을 다녀오려 해요. 동네의 작은 천을 따라 걷고, 좋아하는 빵집의 빵을 사려

<u>고요</u>.

 철수샘도 평온한 연휴 보내요.

2021년 10월 2일
세상에, 시월이라니! 날짜를 쓰다 놀란 구지 드림

철수's Letter
공개 수업 총괄자의 자리

구지, 안녕?

요즘엔 평일에 허겁지겁 바쁘게 일하다가 금요일 저녁 퇴근한 이후부터야 나만의 시간을 갖게 되네. 우리집 어린이들과도 시간을 좀 보내고, 새로 들어온 막내 고양이도 좀 예뻐해 주다가, 하릴없이 밀린 유튜브나 넷플릭스 영상을 좀 본 다음에, 퇴근한 남편과 간만에 이야기를 좀 늦게까지 나누고, 토요일은 늘어지게 늦잠! 그러다보니 요즘 들어 마감 임박해서 편지를 쓰기 시작하는구나. 구지는 휴일 낀 주말에 경주 여행을 다녀온 것 같고, 학교 동료 선생님도 캠핑 계획을 세우던데, 난 연휴에도 그냥 집에만 있고 싶어. 일상이 너무 바빠서 소중한 걸 잊고 사는 건 아닌가 하는 마음도 들지만, 아직은 속이 편안한 토요일이야.

공개 수업이라…. 맞아. 네 말대로 작년부터 연구부장을 하면서 공개 수업을 총괄하고 있어. 총괄이라는 말의 의미는 계획 수립과 일정 진행, 추후 피드백 등 전반적인 관리라는 뜻도 있지만, 내게는 다양한 교과의 수업을 마음껏 직관할 수 있다는 사실이 가장 크게 다가와.

학교에서는 아무래도 젊은 선생님들이 공개 수업을 자주 하게 되는데, 그들의 수업을 볼 때마다 너무 잘해서 깜짝 깜짝 놀라. 본인의 수업을 공개한다는 게 부담스럽고 신경이 쓰이는 일일 텐데 정말 매끄럽게 수업 진행을 잘하더라구. 최첨단 프로그램을 활용하면서 온라인과 오프라인을 병행하는 블렌디드 수업까지 원활하게 꾸려가는 걸 보며 와 하고 입이 벌어졌지. 요즘은 온라인 커뮤니티가 활성화 되어 있고, 수업 연구를 할 수 있는 환경이 잘 구축되어 있잖아. 그런 데서 잘 배워와서 자기 수업에 적용한다는 게 느껴졌어. 라떼는 교사 소모임이 다였는데 말이야.

내 신규 시절을 생각해보면 처음 몇 년쯤은 허둥지둥 하다가 조금씩 나아진 것 같은데, 이 친구들은 딱 처음부터 수업을 너무 잘한다는 게 신기해. 젊은 기간제 선생님들도 마찬가지고. 수업을 잘하고 싶은 욕심이 있어야, 혹은 수업 연구가 습관화된 사람이어야 가능한 완성도 높은 수업들을 보면서 멋있기도 하고 부끄럽기도 하고 그랬네.

젊은 친구들에 비하면 내 수업은 어떨까? 이전에는 내 수업 보여주기를 많이 꺼렸어. 교과에서 돌아가며 대표 수업 연구 공개를 맡기도 하지만 보통은 새로 온 선생님이나 막내 선생님에게 맡기는 경향이 있잖아. 배려 없는 상황에서 맡게 되면 좀 비뚤어진 마음이 되어서 수업도 잘 풀리지가 않았거든. 지금도 역시 남에게 보여줄 정도로 자신 있는 것은 아니지만, 그래도 어느 순간부터 공개 수업을 두려워하지는 않게 되었어. 연구 수업 차례가 아니더라도 큰 부담 없이 맡기도 하고, 또 공개 수업 기간이 아니더라도 누군가가 내 수업을 보고 싶다고 하면 언제든 뒷문 열어 놓고 참관하라고 얘기해. 내가 수업을 잘해서가 아니라, 내게는 함께 수업 고민을 해주는 동료들이 있어서 그런 것 같아. 그러니까 함께 하는 동료들이 있기에 내 수업이 그렇게 밑바닥은 아닐 거라는 확신.

그리고 내게 있어 변하지 않는 진리는 수업이 잘 돼야 모든 게 잘 된다는 거. 나 같은 경우는 교과수업에서 학생들과 신뢰를 쌓아야 생활지도도, 학급지도도 그나마 잘 되었다는 거. 그리고 나의 하루 역시 수업이 잘 되면 종일 기분이 좋고, 수업이 망하면 하루도 망했다는 거. 그래서 오늘도 수업에 대한 고민을 이리도 하는 거 아니겠어. 다른 사람의 수업을 자꾸 보는 것은 확실히 큰 자극이야. 연구부장하면서 좋은 점 하나 찾았네.

오늘은 한글날인데 업무와 진도와 수행평가에 쫓겨 의미 있는 수업을 할 시간을 못 냈어. 그렇지만 평소에 외국어 남용을 금지하고 되도록 바른 우리말 쓰기를 열심히 독려하고 있는 것으로 위안을 삼아볼까. 내 수업 시간에는 수업과 상관없는 외국어를 세 번 이상 말하거나, 욕을 세 번 이상 말하면 받는 벌칙이 있기든. 듣는 사람이 기분 나쁘면 그것도 욕이라고 정했고, 걸렸을 때 귀여운 벌칙은 사탕 사오기야. 아이들이 사온 사탕은 나눠 먹거나 발표를 정말 잘한 학생에게 주고 있지. 물론 선생님인 나도 예외 없이 적용하고 있는데 나도 열심히 노력하지만 1년에 한 번쯤은 걸려. 국어 시간만이라도 이렇게 해보자고 학기 초에 규칙을 정해 진행하고 있는데, 가끔 억울해하는 학생도 있지만 나름 수업의 활력소가 되고 있어. 영어를 말하지 못하는 국어 시간. 의외로 긴장되고 힘들다? 하하.

구지가 낸 귀여운 시험문제 잘 봤어. 지금의 나는 민원이 들어올까 봐 문법 문제는 교과서에서만 내는 딱딱한 사람이 되었는데, 역시 구지다. 애들이 풀면서 얼마나 감동했을꼬. 예전에 같은 학교 근무했을 때 구지가 학생들이랑 모의재판 수업했던 게 생각 나. 복도를 지나다가 우연히 네 수업을 보고 '와, 나는 엄두도 못 낼 수업을 저 친구가 하는구나.' 했던 기억도. 그때의 구지와 지금의 구지가 내게는 여전히 같은 결이라는 게 참 신기하고 재미있다. 너는 그때도 지금도 한결 같이 수업에 진심인 녀석이야.

공개 수업을 주제로 한 오늘의 재미없는 편지는 여기서 끝. 구지의 재밌는 다음 편지 기다릴게.

2021년 10월 9일
시험문제도 재미없게 내는 철수

덧. 블로그를 쓸 때 글이 재미없으면 웃긴 짤로 무마한다던데. 나는 귀여운 막내짤이라도 올려야 하나.

⚅

학교를
굴러가게
하는 것

구지's Letter

자유로웠던 여행을 추억하며 (feat. 코로나)

친애하는 철수샘.

날이 부쩍 서늘합니다. 내일은 매우 이른 한파가 찾아온다고 하네요. 벌써 영하를 예고하는 일기예보에 겁을 먹고, 보일러가 잘 돌아가는지 한 차례 돌려보았어요. 노후한 보일러를 교체하고 싶지만 낯선 사람이 내 공간으로 찾아온다는 점이 꺼려져 망설이고 있습니다. 이삿날 침대를 설치한 기사가 매일 문자 메시지를 보내와 곤란했던 경험이 있어요. 전화번호와 주소는 물론 제가 혼자 사는 사실까지 알고 있는 덩치 큰 성인 남자에게 단호하게 거절의 의사를 밝히는 일은 생각보다 더 두렵더라고요. 그 후 집에 수리할 일이 생기면 한숨부터 나와요. 제가 이 집에서 얼마나 더 살지 알 수 없지만 밍기적거리다 후회하는 날이 올 것을 알기에 용기를 내어 보려고요.

철수샘. 지난 편지에서 2016년의 저와 2021년의 저는 결이 크게 달라지지 않은 것 같다고 하셨죠. 저는 여전히 청소지도가 어려운 담임이라 매일 조금 일찍 도착해 교실을 환기하고 바닥을 씁니다. 수업 때는 온화하고 다정한 말을 건네고 싶지만 '야!'가 먼저 입 밖으로 나가 후회하는 날이 많은 교과 담당이에요. 유쾌한 분위기에서 수업을 하고 학생들과 대화 나누는 일은 즐겁지만, 이런 친밀함이 교과 내용을 전달할 때나 생활지도에 방해가 되는 건 아닐까 고민하는 일도 그때와 크게 달라지지 않았네요. 언제쯤 능숙한 직업인이라 자신할 수 있을까요?

아무튼 저는 오늘도 담임 반 아이들에게 상처받기도 하고 곧 아이들의 말에 치유를 받으면서 웃고 찡그리는 시간을 보내고 있습니다. 그때와 비슷한 점은 여전히 아이들이 너무 예뻐요. 속상하게 하면 밉다가도 예쁜 점이 더 커서 금방 마음이 풀려요. 가끔 내가 학생들의 버릇을 나빠지게 하나? 하는 걱정이 들 때가 있는데, 얼마 전 읽은 이슬아 작가의 『부지런한 사랑』 중 한 대목이 저를 다독여 주었습니다. 어린 학생이 엄마에게 혼날 때면 머릿속으로 '어차피 화해할 인생~ 엄마는 나를 좋아하니까 밤이 되면 괜찮아지겠지~'라고 자신을 위로하며 부르는 노래가 좋았어요. 엄마가 화를 내도 자신을 좋아하는 마음에는 변함이 없고, 다시 사이가 좋아질 것을 알고 있는 어린 학생의 마음이 느껴졌거든요. 사랑을 받은 경험으로 자신을 위로할 줄 아는 아이를 보니, 우리 반 학생들도 제게서 사랑받고 있음을 충분하게 느끼기를 바라며 그냥 이렇게 지내려고요. 예쁘니까, 예뻐할래요.

어렵고 힘든 순간에 희망을 발견하는 것이 교사의 일이 아닐까요? 돌이켜 보면 저는 여행지에서 그 마음을 충전하고 일터로 돌아왔던 것 같아요. 하지만 처음부터 여행이 좋았던 건 아니었어요.

첫 해외여행은 러시아였어요. 언니를 만나러 간다는 목적이 분명해서 여행 기분은 덜 했어요. 언니와 함께 모스크바 곳곳을 다니다 언니가 출근을 하면 그때부터 혼자 시간을 보냈어요. 여행 책을 보며 혼자 갈 수 있는 범위 내의 공원, 박물관, 미술관을 다녀왔어요. 그 시간이 좋았어요. 샤갈의 그림 앞을 떠날 수 없어 서성이던 미술관, 서툰 영어로 톨스토이에 대한 애정을 제게 전하려 애쓰던 사람을 만난 톨스토이 생가 박물관, 고전 소설에서만 보던 흑빵을 마주했을 때의 희열, 그에 반하게 질깃하고 시큼한 흑빵 덕에 엉망이 된 점심 식사. 여행 기분이 덜했다고 해도 미소 짓는 순간들이 남아 있네요.

하지만 알아들을 수 없던 외국어 속에서도 분명하게 느꼈던 차별의 말과 시선은 홀씨가 되어 제 안에서 두려움으로 자랐어요. 퇴근한 언니에게 내가 낮에 들은 말이 무슨 의미였

냐 묻고, 낮에 겪은 일이 인종 차별 같다 토로하기도 했죠. 실제 스킨헤드가 활동하던 시기기도 했고요. 학습된 두려움은 의식하지 않아도 제 행동을 통제했어요. 날이 저물면 야경이 아름다워도 실내에만 머물고 싶었고, 홀로 길을 걸을 때면 조금이라도 빨리 목적지에 도달하기 위해 뛰듯이 걸었어요. 그렇게 대학생의 긴 여름 방학을 보내고 올 계획이었습니다. 언니가 저에게 핀란드행 왕복 기차표를 내밀기 전까지는요.

 핀란드라니! 북유럽이라니! 지금 생각하면 더 길게 다녀오겠다며 떼를 썼을 거예요. 그러나 당시의 저는 홀로 여행한 경험이 없었고 두려움이 컸습니다. 모스크바를 돌아다닐 수 있었던 건 저녁이면 언니에게서 안전함과 익숙함을 충전할 수 있었기 때문이었어요. 저는 언니에게 안 가겠다고 떼를 썼어요. 핀란드에 갈 거라면 우리 같이 가자고 말했지만, 언니는 저 혼자서도 여행을 해보아야 한다며 완고했어요. 핀란드가 네 인생에 다시 없을 수 있다는 말에 저는 떠밀리듯 여행 짐을 쌌습니다. 출발 전에 찍은 사진에는 여행에 대한 설렘이 뭐예요. 잔뜩 울상을 짓고 있는 제가 찍혀 있어요. 얼마나 가기 싫었는지 짐작 되시나요?

 기차를 타고 국경을 넘는 일, 홀로 외국에서 일주일을 보내는 일, 핀란드어의 존재 여부도 몰랐던 일. 모든 게 걱정이었어요. 짐을 도둑맞지 않으려 기차에서 밤잠을 설치던 저는 그때까지만 해도 혼자 하는 여행을 좋아하게 될 거라곤 생각지 못했죠.

핀란드는 아름다웠습니다. 여름의 핀란드는 우리의 초가을 날씨와 닮아 여행하기 좋았어요. 상상보다 아담했던 헬싱키를 걷고 보고 즐겼습니다. 종이 지도를 손에 쥔 채 유명한 건축물을 보고 시청 앞 마켓에서 간단한 요기를 하고 바다가 보이는 벤치에 앉아 푸른 헬싱키를 온몸으로 느꼈어요. 헬싱키에서 촬영한 일본 영화 <카모메 식당>을 좋아한 저는 영화 속 식당을 찾아 점심을 먹고 해안가 카페에 앉아 영화 장면처럼 선글라스를 낀 채 커피를 마셨어요. 종일 걷고 보는데 조금도 힘들지 않고 행복했어요.

뭐가 그렇게 좋았을까요? 핀란드는, 헬싱키는 여행자라면 모두 사랑에 빠지는 여행지였던 걸까요? 그때 한 여성분이 말을 걸어왔어요. '혹시 길을 잃었나요?' 저는 아니라고, 여행 중이라 답했습니다. 그러자 시계를 보여주며 시간이 많이 늦었는데 숙소를 찾지 못해 헤매는 중인 줄 알았다는 걱정의 말이 돌아왔어요. 밤 11시가 넘은 시간이었습니다. 저녁 8시나 됐을까 싶었던 저는 깜짝 놀랐어요. 감사를 전하고 서둘러 숙소로 돌아왔어요. 숙소에 도착했을 때도 헬싱키 하늘은 해질녘의 어스름이 깔린 상태였습니다. 백야였어요. 백야는 종일 낮처럼 밝음이 유지되는 상태가 아니라는 점에 놀랐고 핀란드 사람의 친절함이 고마웠어요. 낯선 사람에게 걱정의 말을 먼저 건네는 다정한 태도가요. 저에게는 없는 태도였거든요. 그날 외에도 핀란드 사람들은 제가 도움을 청하기 전에 나타나 문제를 해결해줬어요. 지도를 들고 헤매는 제게 거리의 부랑자로 보이는 사람이 다가와 길 찾는 걸 도와주겠다고 했어요. 도움을 주고는 금전을 요구할 것 같아 어쩔 줄 몰라 할 때 초식동물처럼 순한 눈을 한 사람이 나타났습니다. 부랑자를 향해 '내가 도와주기로 했다'고 말하며 곤경에 처한 저를 구해주고 제가 가려던 곳의 방향도 알려줬어요. 덕분에 곤란함에서 벗어날 수 있었고 길도 찾을 수 있었어요.

핀란드 여행을 다녀온 저는 두려움 때문에 여행하는 경험을 잃고 싶지 않아졌어요. 혼자서도 떠날 결심을 하고 떠나는 사람이 되었습니다. 낯선 거리를 거니는 시간이 선물이 될 수 있다는 걸 알게 됐죠. 여행지에서 발견한 반짝이는 순간은 일상에서 제가 가지지 못한 것일 때가 많았어요. 여행하는 동안 만나는 사람들에게 얻는 힘이 있어요. 내가 그들에게 받은 기운처럼, 나도 좋은 기운을 나누는 사람이 되리라 다짐하게 되는 순간을 좋아합니다.

마지막 해외 여행은 팬데믹 전의 이탈리아였네요. 베네치아와 피렌체, 로마를 다리가 아플 때까지 걷고, 길을 잃고, 낯선 이와의 대화에도 마음이 열려있던 그 시간이 그리워요. 책임과 의무에서 벗어나, 주변 시선에 상관하지 않아도 되는 여행지에서, 자유롭고 너그럽던 여행의 태도가 그립습니다. 현재의 서울에서도 그런 태도로 살고 싶지만 실천이 잘 안 되네요.

철수샘의 혼자 한 여행은 혹시 언제이신가요? 저는 얼마 전 가족과 제주를, 친구들과 경주를 다녀왔습니다. 누군가와 함께하는 여행이 오랜만이라 어색했지만 예상외로 좋았어요. 그렇지만 한동안 못한 혼자만의 여행을 떠나고 싶어지네요.

내일 한파를 잘 이겨내고 다시 기존의 가을 날씨로 돌아가기를 바라며, 오늘은 이만 줄이겠습니다.

감기 조심하세요.

2021년 10월 16일
여행을 떠나고 싶어진 구지 드림

철수's Letter
낯선 여행보다 함께 하는 여행이 더 좋아

여전히 아이들이 예쁘다는 구지, 안녕?

나는 담임을 안 해야 애들이 예쁘던데, 하하. 나태주 시인은 「풀꽃」이란 시에서 '자세히 보아야 예쁘다'고 했지만 나는 조금 떨어져서 봐야 예쁘다!

오늘은 화창한 날씨구나. 일주일 전부터 갑자기 추워져서 나도 온수매트를 켜고 잠들기 시작했는데, 오늘은 하늘이 참 맑아. 문을 열어두어도 바람이 차지 않네. 이런 날엔 다들 여행을 가고 싶어할 거 같은데 난 글쎄, 여행 생각이 나진 않는구나.

오늘은 그간 내가 쓴 편지 중 제일 짧은 분량이지 않을까 해. 나이 들면서 여행 세포가 이사를 갔나 싶었는데 다시 생각하니 그게 아니라 처음부터 나는 여행을 별로 좋아하지 않았던 것 같아. '여행'하면 영 떠오르는 것이 없거든. 북한산이 지척인 동네인 데다가 횡단보도 하나만 건너면 다른 도시로 갈 수 있는 서울 외곽에 살면서 어쩜 이렇게 나가고 싶지 않을까. 그래도 막 이사 왔을 때는 주말마다 근교로 구경을 다니기는 했는데, 학교에서 매일 열일해서 그런지 주말에는 누워서 쉬면서 넷플릭스나 보고 싶은 모양이야. 전에도 말했듯이 집에 있는 게 좋기도 하고.

게다가 여행 계획을 짜는 것도 부담스러워. 부지런한 사람들은 미리 계획을 짜서 연휴에 제주도도 가고 캠핑도 가고 하더라만 나는 항상 한 발 늦어. 결국 집에서 늘어지게 쉬면서 보내곤 하지. 그게 더 좋기도 하고. 결정적으로 나는 시외버스, 기차까지는 잘 이용하는데 비행기표 사는 게 너무 어렵더라. 비행기 쪽은 특히 진입 장벽 높은 성역이랄까. 그래서 몇 개월 전에 미리 외국 갈 표를 사두는 것은 나에게 꿈도 못 꿀 일이곤 해. 제주도도 마찬가지고.

내가 왜 여행을 좋아하지 않을까 생각해보면 떠오르는 몇 개의 기억이 있어. 첫 번째는 스물넷인가, 혼자 즉흥적으로 전주를 다녀왔을 때야. 차 없이 대중교통으로 찾아갔는데 지금처럼 지도 어플이 발달했던 때는 아니어서 휴대폰으로 한참 검색해서 다음 장소를 찾아가고 또 한참 검색해서 찾아가고 그랬어. 길 찾기는 그런 대로 했지만 무서웠던 것은 숙박이었어. 즉흥적으로 떠난 여행이라 어느 숙소를 잡아야 할지 몰라서 결국 찜질방을 갔거든. 수면방 구석에서 혼자 자다가 어느 순간 바로 옆에 아저씨가 자고 있어서 깜짝 놀라 새벽에 나왔던 기억이 있어. 비마저 내리는 구슬픈 새벽에 하천이 보이는 정자에 앉아 비를 피해 떨다가, 콩나물 해장국을 먹고 집으로 왔던 거 같아.

그리고 스물여섯, 첫 학교에서 친해진 직장 동료들과 동남아로 해외여행을 떠난 적이 있어. 태국 방콕에서 하루 묵고 들어간 휴양지 코사무이에서 예정보다 하루 빨리 나오게 되면서 다시 방콕으로 갔는데, 거기서 일행과 떨어져 혼자 자고 다음 날 합류하게 되었어. 아마 그 여행을 계획한 동료가 이 날은 각자 알아서 보내고 다음 날 만나자고 한 거 같아. 혼자 된 순간부터 너무 겁이 나서 그전에 묵었던 익숙한 방콕 호텔을 다시 찾아갔는데, 어휴 그 길 찾아가는 것만도 엄청 고생을 했지. 자유여행을 할 수도 있었건만, 숙소 주변만 얼쩡대다가 동료들을 만나러 서둘러 떠났던 기억이 나. 혼자 다니는 도시의 모습은 어제와 같은 도시였어도 왜 그리도 낯설고 스산했는지. 이런 쫄보여서 그간 혼자 여행하는 걸 엄두도 안 냈던 거 같아.

수많은 실패 가운데, 그래도 가장 기억에 남는 여행은 스물일곱 살에 나의 초중고대학 동기 친구 S와 둘이서 한 달 유럽 여행을 다녀왔을 때야. 나는 유럽에 간다는 것만 좋았지 뭘 보아야겠다, 어딜 가야겠다는 기대는 딱히 없었는데, S가 모든 계획을 알차게 짜왔지. 그때 나는 둘이서 유럽의 거리를 매일 걸어다니며 수다를 떨고 그날의 감정을 같이 공유한다는 게 그렇게도 좋았어. 식비를 아끼려고 빵을 먹다가 질리니까 삶은 계란을 먹었는데 거기에 고추장만 찍어 먹어도 맛있다는 걸 그 친구랑 나는 그때의 경험으로 아는 거지. 파리의 샹젤리제 거리를 함께 걷고, 로마에서 같이 아이스크림을 사먹고, 로텐베르크의 아름다운 돌길을 같이 캐리어 끌고 다니며 돌돌 소리를 내고, 베네치아 수로를 따라 수상버스를 타며 감탄하고, 에든버러에서 축제를 함께 즐겼던 수많은 기억…

가장 기억에 남는 순간은 파리 오르세 미술관에 가서 고흐의 그림들을 가까이에서 처음 봤을 때야. 미술 교과서에서는 볼 수 없었던 그 질감을 가까이서 봤을 때의 충격과 그 아름다움이란. 아마 나 혼자 갔으면 미술관 찾아가느라 지쳐서 못 느꼈을 그 날의 감동을 이야기할 친구가 옆에 있는 게 너무나 좋았어. 그 기간의 유럽은 맑고 밝고 환하고 그런 기억만 있네. 한 달 내내 밝았을 리도 없고, 매번 숙소가 마음에 들었을 리도 없고, 어느 날은 싸우기도 했던 거 같은데 그냥 통째로 밝았다고 기억하는 걸 보면, 내 좋은 여행의 기준은 '같이'인 것 같아. 그 친구의 함께 하자는 제안이 없었으면 내가 한 달짜리 여행을 어떻게 계획해서 다녀올 수 있었겠나 싶어. 그러고보니 난 누가 계획해주는 여행을 좋아하네. 고민

없이 따라다니는 거, 가서 무언가 같이 보는 거, 그걸 나눌 사람이 옆에 있는 거. 나는 그런 여행을 좋아했네.

구지와 나의 결은 여기서 조금 다른가 보다. 어떻게든 자기 힘으로 여행이든 학급운영이든 교과 수업이든 도전해보고 또 고민해서 스스로 답을 찾고 결론을 내리는 게 구지라면, 나는 내 능력 밖이다 싶으면 의지할 사람을 찾아서 묻고 또 묻고 기대면서 부족한 내 능력치를 조금씩이라도 더 보완하는 거랄까. 그래서 내가 널 존경하는 거야. 나에게 답을 주시는 현자님.

생각보다 글이 짧진 않네. 길게 쓰는 버릇은 어디 안 가는구나. 지금도 갈 수 있는 외국이 있다는데 위드 코로나가 되고 조금씩 세계가 안정이 되면 구지는 또 혼자 여행을 떠나겠지? 그때가 오면 나는 여전히 랜선으로 네 여행을 응원하련다. '같이' 있다는 느낌을 받으면서, 네가 보고 느끼는 것들에 함께 감동해야지. 언젠가 네가 계획 짜고 내가 묻어가는 여행은 해볼 수 있을까? 음, 나만 좋은 제안인가?

화창한 주말 오후, 마음으로나마 즐거운 여행을 하고 있길 바라며.

2021년 10월 23일
오르세 미술관이 그리운 철수

덧. 얼마 전 우리 집 냥이 이름으로 유튜브 계정을 팠어. 냥이랑 무궁화꽃이 피었습니다 놀이를 하는 영상 하나를 찍었는데 재밌어서 지인들한테 보내다가, 어디다 올려보라는 제안을 받고 슬김에 만들어봤어. 다음 영상이 언제 올라올지 모르지만 구지 네가 구독을 눌러주니 좋구나. 그나저나 초보 유튜버가 되니 조회수에 욕심이 나는구먼. 하루에도 몇 번씩 들어가 보게 되네, 이거. 다음엔 인스타 계정을 팔지도 몰라. 어휴. 갑자기 집사가 되어서 눈에 콩깍지가 씌고 있어. 나 좀 말려줄래?

구지's Letter
제가 생각하는 좋은 사람

친애하는 철수샘.

안녕하세요. 10월의 마지막 토요일이네요. 오늘은 오전 운동 일정을 취소하고 잠을 더 잤습니다. 통잠은 아니지만 30분이라도 더 눈을 붙이려고 그랬어요. 요즘 저는 부쩍 자주 깹니다. 어제만 해도 30분에서 1시간 간격으로 다섯 번은 깼어요. 불면이라는 이름을 붙이고 싶진 않고, 그런 시기가 나에게 왔구나 하고 생각 중입니다. 걱정에 눌린 잠이 제게서 밀려나 버릴 때가 있어요. 관계 속에 주어지는 저의 역할에 대한 질문이 머릿속을 떠나지 않아요. 질문에 대한 답을 찾게 되면 잠도 예전의 상태로 돌아올 거라 믿어요.

학생들과 소통할 때도 제 역량보다 더 많은 역할을 부여받은 느낌일 때가 있어요. 교과 지식을 전달하는 지식 전달자로의 교사, 옳고 그름을 판가름하는 판사, 원칙을 지키는 다정한 보호자, 신뢰할 수 있는 대나무숲 같은 상담사, 세상을 살아가는 태도를 배울 수 있는 사회 구성원으로의 어른. 종종은 학생들의 말과 행동을 통해 배우는 사람이 되기도 합니다. 기억나는 역할만 써 보았는데도 저 정도네요.

요즘 저는 3학년 학생늘에게 논증 방법에 관해 가르치고 있습니다. 먼저 국어 교과서에 수록된 글을 함께 읽었습니다. 택배 노동자들의 열악한 근무 환경이 개선되어야 한다는 주장을 담은 글이었어요. 글을 읽은 학생들과 짧은 감상을 나누다, 수업을 준비하는 동안에는 예상하지 못한 학생들의 모습에 조금 놀랐어요. 학생들은 빠른 택배 배송이 주는 편리함은 누리면서도 글의 내용에 대해서는 굉장히 무심하더라고요. '요즘 택배하면 돈 많이 번다던데요?' '싫으면 다른 직업을 택하면 되는 거 아닌가요?' 여러 말이 오가는 걸 지켜보다, 계획하지 않았던 질문을 던졌습니다.

"얘들아, 중학교 3학년 교과서에 택배 노동자의 열악한 근무 환경을 다룬 글이 실려 있는 이유가 무엇일까? 다른 내용의 글도 많았을 텐데, 어떤 이유로 택배 노동자의 근무 환경이 개선되어야 한다는 주장이 담긴 글이 실리게 된 걸까?"

학생들의 대답은 다양했지만 제 성에는 차지는 않았습니다. '논증 방법을 배우기에 가장 적합한 글이라서요.' '열심히 공부하지 않으면 택배 기사 같은 열악한 직업을 우리가 갖게 될 수도 있다는 걸 알려주려고요.' '아버지가 택배 기사인 애가 있을 수도 있잖아요.' 아이들이 솔직하게 답해줘서 고마웠지만, 가슴이 철렁했어요.

제 생각이 답이 아닐 수도 있습니다. 하지만 같은 글을 읽더라도 생각의 줄기가 다른 방향으로 뻗어갈 수 있고, 무엇보다 제가 사랑하는 학생들이 타인의 노동을 당연하게 혹은 자신과는 무관한 일로 생각하지는 않길 바랐어요.

"인터넷에서 물건 주문해 본 적 있니? 그래, 맞아. 선생님도 자주 사용해. 오늘 아침에도 출근하면서 고양이 사료를 주문했는데 저녁에 도착한대. 정말 놀라운 세상이지 않니? 근데 한편으로는 이렇게까지 빨리 와야 하는 걸까? 일주일은 더 먹을 수 있을 정도로 사료가 남아 있거든. 그렇지만 빠른 배송을 내세운 쇼핑몰들의 광고를 보다 보면, 배송 예정일이 3~4일 정도 늦는 상품은 결제를 망설이게 될 때가 있어. 어떨 땐 기를 쓰고 무료 배송 상품을 찾기도 해. 물건을 사기 위해 지불하는 비용은 당연하게 여기면서 물건을 집까지 배달하는 노동자에게는 그 값을 아끼고 싶어 하는 내가 있는 거야. 이런 나의 소비가 정말 정당한 대가를 지불한 걸까? 누가 질문한다면 나는 자신이 없어져. 교과서 본문처럼 택배 노동자들의 희생으로, 내가 필요 이상으로 편리하게 사는 것 같을 때가 많거든."

경험을 바탕으로 이야기를 시작했고 학생들은 제 말을 진지하게 들어주었습니다. 물론 사이사이 질문을 하는 학생도 있었어요.

"선생님이 낸 돈에 어차피 다 포함되어 있을걸요? 그리고 그 사람들도 자신들이 얼마나 버는지 알고 직업을 선택한 거 아닐까요?"

저는 아이들의 질문에 긴 답변을 이어갔습니다.

"맞아, 그럴 거야. 내부에서는 어떤 비율로 수익이 배분되는지까지는 내가 신경 쓰지 않아도 되는 일일 수 있어. 그런데 가끔 그런 생각이 들어. 싸고 편리한 것만 찾는 내가, 내 지갑만 신경 쓰는 사람이지는 않을까? 합리적 소비는 무엇일까? 내 지갑에서 나가는 백 원, 이백 원을 아끼는 일이 합리일까? 그럴 수도 있지만, 사회가 더 좋은 방향으로 나아가길 바라는, 그런 세상에서 살고 싶은 사람이라면, 내가 아낀 소액의 돈이 누군가에게는 큰 짐이었을 수도 있다는 걸 알기 전과 후, 최소한 택배 노동자를 대하는 태도가 달라질 수 있지는 않을까?

나는 더 좋은 세상은 어느 날 갑자기 만들어진다고 생각하지 않아. 생각을 공유하고 나아질 수 있는 방향을 고민하는 사람이 많은 사회가 건강한 사회일 것 같아. 나는 건강한 사회에서 살고 싶고, 너희가 그런 세상에서 살았으면 좋겠어. 그런데 나도 이게 너무 어려워. 그래서 너희와 같이 노력하고 싶어."

아이들 앞에서 말을 하는데 얼굴이 화끈거렸습니다. 동네 서점에서 책을 자주 사야겠다고 다짐하면서도 배송과 적립금의 편의성을 포기하지 못하고 대형 인터넷 서점을 이용하는 제가 떠올랐거든요. 제가 생각하는 좋은 사람은 저의 환상 속에만 존재하는 것 같았습니다. 사실 나는 그게 어렵다고 고백하는 일도 조금 부끄러웠고요. 그렇지만 조금 더 나은 삶이, 건강한 사회를 위한 소비를 실천하는 삶일 수 있다는 생각을 하는 사람이 되고 싶다는 자기 고백을 끝으로 교실을 빠져나왔습니다. 그런데 말이에요. 이 수업을 하고 나오는데, 한 학생이 복도를 걷는 제 옆을 따라왔어요.

"OO아, 하고 싶은 말이 있니?"

"제가 아까 열심히 안 살면 택배 기사처럼 된다고 말한 게 부끄러워서요. 죄송해요."

제 마음의 무언가가 와르르 무너지는 기분이었어요. 학생들의 입에서 나온 말들은 실은 어른들이 매번 반복하는 말이잖아요. 나는 어제와 같은 태도로 살고 있으면서 아이들에게만 달라져야 한다고 말한 건 아닐까, 반성이 됐어요. 아이들을 위한 말인 양 허세를 부린 건 아니었을까요. 너희가 생각하는 건 모두 틀렸다, 잘못된 생각이다, 강요한 건 아니었을까. 일장 연설을 한 제가 학생들과 비교할 때 뭐가 그렇게 나을까, 싶기도 했고요. 저는 그 학생에게 아니다, 이렇게 말해줘서 고맙고 더 많은 이야기를 나눌 기회가 되어 좋았다며 어깨를 토닥인 후 학생을 돌려보냈습니다.

곧 3학년 학생늘의 고등학교 입학을 위한 성적 산출 기간이 옵니다. 성적 산출이 끝나면 교과서 없이 다양한 활동을 시도할 수 있는 전환기 수업이 시작돼요. 다양한 내용을 담은 글로 학생들과 사고를 확장하는 시간을 가지고 싶은데, 잘 해낼 자신이 아직은 없어요. 그 시간을 어떻게 하면 알차게 보낼 수 있을까, 고민 중입니다.

철수샘은 기말고사 후의 전환기 수업을 어떻게 구성하실 계획이신가요? 팁을 주세요. 학급 문집은 언제쯤 원고 완성본이 나와야 하고, 언제 인쇄소에 맡겨야 할까요? 또 인쇄소 아는 곳이 있으면 공유 부탁드려도 되나요? 진짜 끝으로, 막내 고양이 유튜브 계정에 영상이 너무 드문드문 올라오는데, 언제 올리실 계획이신가요? 헤헤. 질문이 많죠?

오늘도 평안한 주말 보내시고, 좋은 답 기다리겠습니다. 되게 반성문 같은 편지가 되어버린 것 같네요. 그럼 이만.

2021년 10월 30일
나아갈 길이 구만 리 같은 구지 드림

철수's Letter
두려움에 지지 않는 수업

구지, 안녕?

깊어가는 가을은 즐기고 있니? 오늘 아침 세탁실에서 빨래를 돌리는데 바로 앞 화단에 자리 잡은 단풍나무가 그새 새빨갛게 변해서 창문 너머로 갑자기 붉은 햇살 그늘이 졌어. '아, 예쁘다. 시간이 흐르고 있네. 벌써 11월이구나.' 그런 생각을 했어. 이번 주 날씨는 가을답게 따뜻하고도 시원했는데, 다음 주부터 무척 추워진대. 예쁜 단풍잎들이 아마도 곧 우수수 떨어질 듯해. 주말에 많이 보기를. 그리고 어쨌거나 일 많은 연말에 우리 아프지 말자. 나에게 하는 씁쓸한 다짐이기도 하지만.

구지네랑 나랑 같은 출판사 교과서잖아. 이번에 나는 택배 노동자의 열악한 환경이 나오는 논증 단원 대신, 점검하며 읽기, 문장의 짜임, 쓰기 윤리와 보고서 쓰기 단원을 가르쳤어. 너에게 다시 찾아와 자신의 말이 부끄럽다고 했던 그 학생이 참 기특하네. 구지의 발문이 그 학생에게 뭔가 와 닿았던 것 같고, 수업에서 교사의 좋은 질문이 참 중요하구나 새삼 깨닫게 돼. 교사가 하는 발문의 기저에는 교사의 철학이나 신념이 담기기 마련이지. 학생들이 구지를 좋아하는 이유가 바로 그런 좋은 발문들이 쌓이고 쌓여서, 구지는 좋은 국어 선생님이란 생각이 자리 잡아서일 거야.

나는 요새 국어 교사로서 자존감이 떨어지고 있어. 좋은 발문에 대한 고민은커녕 매시간 진도 나가기에 급급하지. 그리고 나는 평소 중하위권 학생의 수준에 맞춰서 수업을 쉽게 진행하는 편인데, 나중에 아이들에게 '철수샘 수업은 쉬운데 시험은 어렵다'는 평가를 듣곤 해. 그렇다고 하위권 학생들을 잘 봐주냐면 또 그런 것도 아니고, 가끔은 내 수업에 대답하며 따라오는 학생들만 보면서 수업을 하는 것 같기도 하고. 이도 저도 아닌 것처럼 수업이 흘러가는 날들이 많아.

핑계를 대자면 아무래도 업무가 많아서인 거 같은데 연구부는 항상 일이 많지만 지금 이 시기에 일이 더 많아. 목록에서 하나씩 해결하며 지워나가는 중인데도 머릿속에 오만가지 할 일들이 떠다녀서 수업 구성할 시간이 없네. 그래서 퇴근 시간 이후에 초과근무를 하면서 업무가 끝난 이후에 겨우 수업을 짜는데, 그러다 보면 내가 왜 이러고 있지? 하는 현실 자각 타임이 오곤 하지. 너도 이런 상황을 경험한 적 있니? 정말이지 자존감이 쭉쭉 떨어져. 자존감을 높이려면 역시 수업을 잘 하는 게 답이겠는데, 경력이 늘어도 그 방법을 참 모르겠어.

3학년 수업 얘기를 해볼까. 3학년은 고등학교 입시로 인해 기말고사를 다른 학년보다 좀 빨리 보잖아. 이 시기는 진도 나갈 시간이 너무 부족해서 기존 계획보다 한 시간을 줄여서 책 대화 보고서 쓰기 수행평가를 진행했어. 아이들이 더 잘 할 수 있는 시간을 충분히 주지 못하고 결과물을 만들어 내게 해서 속으로 좀 찔렸지만, 그래도 의미 있는 시간이었어. 같은 소설을 읽고 질문을 만들고, 대화를 나누며 나와 다른 생각을 들어보고, 또 그로 인해 내 생각이 달라지기도 하는 그런 경험을 아이들이 잠깐이나마 할 수 있었어.

함께 읽을 단편 소설은 배명훈의 「타클라마칸 배달사고」로 정했어. 다른 학교 선생님이 만드신 오디오북으로 두 시간 정도 함께 읽으며 내용을 짚어보고, 개인별로 궁금한 질문 5개를 만들고, 그 질문을 모아 함께 이야기하고 싶은 질문을 모둠별로 2개 선정했어. 코로나 시국이라 오픈채팅으로 대화를 했는데 아무래도 여기서 시간이 부족했을 거야. 대화 시간을 많이 주지 못한 것이 너무 아쉬워. 우리 학교 학생들은 활동이 어려우면 쉽게 포기하는 학생들이 꽤 많거든. 시간 부족하다고 포기하는 경우가 많으면 어떡하나 걱정이었는데, 신기하게도 오랜만에 하는 모둠수업이어서인지 모둠에 피해를 안 주려고 참여하는 아이들이 많더라고. 그래서 짧은 시간에도 생각보다 대화가 잘 이어졌어. 물론 100%는 아니고. 아이들에게 내화 내용을 정리한 후 자신의 생각을 덧붙인 보고서를 완성해서 제출하게 했지.

책 대화하기 수행평가는 사실 완벽하게 진행하려고 하면 시작도 못할 거야. 이전의 나는 좋은 수업 사례 연수를 듣고 오면, '잘 하네, 그런데 나는 못하겠다' 이랬거든. 그래도 꾸준히 좋은 수업 사례 연수는 찾아다니며 들었는데, '책 대화하기 수업은 이렇게 많이 들었는데 이젠 해볼 때가 됐잖아' 하고 용기 내어 시작해봤어. 해보니까 나한테 맞는 부분도 알게 되고, 이리저리 바꿔서도 해보고, 또 할수록 조금씩 역량이 느는 것도 느껴지더라고. 게다가 수업할 때 학생들이 열심히 대화하는 걸 보고 있으면 자존감이 반짝 올라가기도 해.

아, 자랑 하나만 할게. 2학년 때까지 부적응으로 학교에 잘 나오지 않던 학생 E를 3학년 국어 수업을 통해 만나게 됐어. 어느 날인가부터 내 국어 수업에 열심히 참여하는 모습을 보고 있으면 뿌듯해. 담임 선생님께서 'E가 달라졌어요, 국어 수업만큼은 열심히 참여하려 한대요.' 하는 이야기를 하실 때면 더욱 그래. 그치만 이런 경우는 사실 일부일 뿐이고, 대다수가 그랬으면 하는 욕심이 고개를 들어서 좌절하고 그러는 가봐. 음, 정리하면 일부 학생들의 변화는 내 수업 자존감을 높여줘. 그런데 또 대다수를 변화시킨 건 아니라는 생각이 들면 나는 또 멈칫하게 돼. 어쨌든 두려워도 무언가 시작해보려는 용기가 아직 남아 있어서 다행이야. 수업을 잘 하는 방법이 뭐 따로 있겠어?

난 전환기 수업 때 '청중을 고려하여 자신 있게 말하기'란 단원을 수업할 건데 김하나의 『말하기를 말하기』란 책의 도움을 받으면서 아이들이 청중 앞에서 잘 말할 수 있도록 도움을 줘볼 생각이야. 읽기나 쓰기 등은 수업 때 많이 하는 편이지만 말하기는 아이들이 많이 경험하지 못하는 편이잖아. 애들한테 수업 시간 발표할 때나 나중에 면접 볼 때 꼭 필요한 활동이라고 호기롭게 말은 해두었는데 애들이 잘 따라오려나?

그나저나 나는 다음 주에도 교원평가 마감, 학교평가 준비, 학교 포상 서류 준비, 토론이 있는 교직원 회의 준비, 교직원 힐링 연수 준비, 남는 예산 사용처 고민 등등으로 머리가 아파. 수업을 잘 해서 수업 일기를 잘 쓰고 싶은데 업무가 많은 현실! 그치만 업무도 잘 진행해서 구멍이 안 나길 바라니까 수업은 뒷전이 되는 이 모순된 마음!

다 때려치우고 단풍 보러 나갈지도 모르겠어. 재활용 쓰레기를 버리고 오는데 아파트 단지가 너무 예쁘더라.

구지 너도 어서 단풍 즐감하길.

2021년 11월 6일

단풍 구경 가고픈 철수

덧. 학급 문집을 열심히 만들고 있을 구지에게.

시간은 충분하니 초조해하지 말고 전환기 수업 때 즐겁게 만들면 돼. 학생들이 계획도 진행도 하고, 편집하는 즐거움까지 느끼면 훨씬 좋지만, 그러기에 시간이 없을 것 같다면 편집은 교사가 하는 걸 추천해. 종이질이나 컬러인쇄 여부, 인쇄 부수에 따라 가격은 천차만별이야. 견적을 미리 알아본 다음에 인쇄소를 결정하고, 인쇄는 보통 10일에서 늦어도 일주일 전에는 맡기는 것이 좋아. 표지도 앞뒷면을 각각 어떻게 할지 학생들하고 아이디어를 모아봐. 내지에 컬러가 들어가야 하는 부분이 있다면 앞이나 뒤쪽으로 빼서 그 부분만 컬러인쇄를 부탁하고. 완성본은 PDF 형태로 넘기는 게 제일 안전해. 이전에 의뢰했던 인쇄소 전화번호랑 문집 양식 파일을 보내줄게. 아, 나도 문집 만들고 싶구나. 예쁘게 잘 나올 거야. 문집 나오면 꼭 구경시켜줘.

구지's Letter
밥 먹는 일, 협의회

친애하는 철수샘.

매섭게 바람이 불어요. 갈피를 잡지 못하는 제 마음에 바람이 부는 11월입니다. 요즘은 분명 즐거운 일도 많습니다만 그렇지 못한 일도 비례해서 찾아오는 모양인지 즐겁다가도 가라앉는 기분이 제 것처럼 느껴지지 않아요. 철수샘의 몸과 마음은 건강한지 궁금하네요.

중3 학생들의 기말고사를 끝맺음하고 내신 산출을 앞두고 있습니다. 수업 시간 동안 방방 뜨는 학생들을 진정시키느라 수업 시작종이 치고도 몇 분 동안은 실랑이하는 날을 보내고 있어요. 학생들은 고등학교 입시를 위한 중학교에서의 시험이 모두 끝났으니 놀고 싶어 하지만 어림도 없죠. 서술형 답안 확인을 끝내자마자 학생들의 어휘력과 문법 실력을 보듬어 주기 위해 제작한 학습지로 새로운 수업을 시작했어요. 고사를 끝내고 교과서를 버려도 되느냐 묻는 학생들에게 학교는 이미 노는 곳이 되어버린 기분입니다만, 그런 학생들의 참여를 이끌어내기 위해 사탕이나 초콜릿을 잔뜩 주문했어요. 모두 제 돈 주고 산 상품들입니다. 품도 많이 들고 돈도 썼는데, 학생들에게 인심은 잃어가는 나날이에요.

영화를 틀어주거나 저들끼리 놀 수 있게 내버려 두길 바라는 학생들의 원성이 제 마음을 헤집어 놓습니다. 수업 준비를 하지 않았다면 받지 않아도 될 상처였겠다는 생각이 들기도 해요. 그럼에도 새로운 단어 하나라도 가르쳐서 졸업시키고픈 마음을 내려놓지 못하고 있습니다. 불평 불만을 강제로 잠재워놓고 학습지를 들여다보게 하면, 또 금세 "이런 표현이 있었어요?" 혹은 "저는 이 단어 처음 보는데요?"와 같은 반응을 보여줍니다. 그러면 또 아이들이 다시 귀여워 보이고 수업이 재미있어져요. 오락가락하는 이 마음을 어쩌죠?

어제는 몇몇 학생이 찾아와 고1 3월 모의고사를 위해 중학교 문법을 한 차례 정리해 주면 안 되냐는 부탁을 하더라고요. 소수의 학생이지만 그 요구에 맞춰 다음 주 학습지를 만들고 수업을 준비합니다. 마음이 동하지 않더라도 수업에 참여하는 동안만큼은 단어 하나, 맞춤법 하나라도 가져가길 바라는 마음으로요. 이 마음이 번번이 학생들의 원성 앞에 흔들리는 걸 다잡아야 하는 것도 온전히 저만의 몫이지만요.

요즘 학교는 협의회가 한창이에요. 올해 제가 가장 밀접하게 소통하는 선생님들은 연구부, 국어과, 3학년부에요. 제가 속한 협의회도 이 선생님들과의 시간이 대부분이고요. 코로나로 미뤄두었던 협의회 비용을 이제는 털어야 하는 시기가 왔고, 부별로 과별로 회의와 식사하는 시간을 갖는 중입니다. 어제는 국어과 협의회가 있었어요. 지금껏 전 학년의 국어 선생님들이 다같이 한자리에 모일 일이 없었던 터라, 저는 이때다! 싶어 전환기 수업의 팁을 얻어 보려 했죠. 그런데 다들 비슷하더라고요. 전환기 수업의 고충을 공유하는 시간이 되어버렸어요. 나만 힘든 게 아니구나, 하며 서로 나누며 받는 위로가 있었습니다. 그런데도 의미 있는 수업을 꾸리고 싶은 이 욕심은 사라지지 않네요.

코로나로 인해 협의회의 풍경도 많이 달라졌습니다. 예전에는 학교 인근 식당에서 식사를 했었는데, 요즘은 주로 배달 음식이에요. 어제는 인근 브런치 카페에서 샌드위치와 커피 세트를 주문했어요. 밖에 나가야 하는 번거로움은 사라졌지만 음식물 쓰레기와 포장 용기 뒤처리가 늘 골치예요. 몇 번의 협의회를 거치는 동안, 반찬이 여러 가지 나오는 도시락보다 비빔밥 같은 한 그릇 요리 또는 초밥, 샌드위치처럼 마무리가 깔끔한 음식을 선호하게 되었어요. 그리고 함께 음식을 먹지 않고 회의가 끝나고 각자의 자리에서 먹거나, 집에 가져가시는 분도 있습니다.

맛있는 음식을 먹으면 어려운 자리도 조금 즐거운 마음으로 참석하게 되는데, 음식이 기대에 못 미치면 좀 아쉬운 것 같아요. 괜히 그 가게의 메뉴를 고른 사람은 미안해지고요. 그러다 보니 밥 먹는 일이, 진짜 '일'이 되는 것 같아요. 그래서 저는 협의회 메뉴를 정하고 주문할 때 굉장히 고심합니다. 모두가 만족하는 선택은 드물기에 최대한 많은 사람이 원하는 메뉴를 결정하려 하죠. 어떤 메뉴를 선택할지 선생님들께 메시지로 여쭤보고, 답장을 받아 메뉴를 수합 후, 음식점에 전화 예약을 하고, 그런데 어떤 메뉴는 품절이라는 이야길 듣고, 다시 메시지를 보내 선생님들께 메뉴 변경을 요청합니다. 겨우 주문이 끝나면 행정실에 가서 카드를 받아온 후, 배달하시는 분이 오시길 기다려요. 식사가 도착하면 주문한 메뉴가 뒤섞이지 않게 나눠드리는 일까지 하고서야, 한숨을 돌립니다. 밥 한 끼 같이 먹기가 이렇게 힘들어서야, 싶어져요.

철수샘, 협의회의 의미보다 주문과 뒤처리, 부수적 업무가 피로하게 느껴질 때가 많아요. 피로함 속에서도 좋은 순간을 찾으려 노력합니다. 저는 원치 않았던 음식이지만 의외로 입맛에 맞으면 기분이 좋아지기도 하니까요. 학생들이 "왜 하기 싫은 걸 해야 하죠?"라는 질문을 던질 때면, "하기 싫은 걸 하는 게 삶이야."라며 무심하게 대답하곤 했었는데, 이 글을 쓰다 보니 그 말을 제게 해주고 싶어지기도 하네요. 사회생활이라는 게 그런 거겠죠. 삶의 일부니까. 하고 싶은 것만 하고 살 수 없는 게 삶이니까. 하다 보면 의외의 면을 발견하기도 하니까.

저에게 협의회는 수고로움이 뒤따르는 일인데, 철수샘은 어떻게 느낄지 궁금하네요. 연구부장 철수샘이 바라보는 협의회는 저와는 뭔가 다르겠죠?

감기 조심하세요. 우리 몸도 마음도 건강합시다!

2021년 11월 13일
사회생활이 어려운 구지 드림

철수's Letter
협의회는 싫어도 맛있는 거 먹는 건 좋아

구지, 안녕?

난 어제 서울 우리 집에 오신 부모님을 모시고 사촌동생의 결혼식에 다녀왔어. 갑자기 차 시동이 안 걸려서 애를 먹었는데, 다행히 늦지 않게 도착해서 즐거운 결혼식을 보고 왔어. 위드 코로나 이후 첫 가족 행사라 오랜만에 만난 친척들과 따뜻하게 안부를 나누고 헤어졌지. 그런데 우리 부모님, 간만에 서울 오셔서 친구분들 만난다고 쿨하게 떠나셔서, 부모님과 함께 시간을 보내리라 예상한 주말이 갑자기 너무나 한가해져 버렸네.

협의회라니, 연구부장으로서 참 할 말이 많다. 교과협의회, 부서협의회, 부장 회의, 전교직원 회의, 교원학습공동체 협의회, 수업공개 협의회, … 학교에 존재하는 협의회와 회의의 숫자를 세면 몇 개쯤 될까? 협의회는 말 그대로 어떤 주제에 대해 교사들이나 교직원들이 모여서 회의하거나 현안을 이야기하는 자리인데 이 협의회를 주로 관리하는 부서가 연구부야. 보통은 협의회비를 책정하고, 인원을 배분하며, 진행할 날짜를 안내하는 관리를 하지.

이렇게 이루어지는 무슨 무슨 '협의회'라는 자리는 사실 형식적이긴 해. 학교에서는 '협의회'라고 명칭하지 않아도 시시때때로 협의가 일어나고 우리는 협의가 일상이잖아. 수업을 어떻게 꾸려나갈지, 진도를 어디까지 나갈지, 시험 문제 출제나 평가는 어떻게 진행할지 같은 협의 말이야. 또 이번 체험학습은 어디로 갈지, 문제 학생은 어떻게 지도할지 학년 담임끼리도 수시로 협의하지. 거기다 부서원끼리도 사업 진행을 위해 수시로 협의하고, 학교 일정 등을 조정할 때면 교무부와 연구부 등 부서 간에도 자주 협의하지. 이렇게 협의가 수시로 이루어지다보니 실제 '협의회'라는 이름으로 관리, 진행하게 되는 경우는 모여서 밥 한 끼 같이 먹는 자리일 때가 많고 실제로는 수시로 일어나는 협의가 더 중요한 것 같아.

내 기억에 남는 협의회는 첫 부장을 했을 때 매주 들어가던 부장 회의였어. (협의를 한다는 점에서 부장 회의도 일종의 협의회라고 볼 수 있겠지?) 다른 협의와는 다르게 학교의 굵직한 일들을 협의하고 결정한다는 점이 생각보다 매력적이었어. 그리고 학교 예산을 어떻게 쓸지 부장님들 간에 협의하는 일도. 그때 처음으로 학교 예산을 편성하는 것부터 협의하면서 학교 사업을 큰 그림으로 보는 시각이 생겼던 거 같아. 주어진 일만 할 때에는 몰랐던 학교의 또다른 면을 매주 부장 회의 하면서 느꼈지. 학교에서는 어느 정도 경력이 쌓이면 학교가 어찌 놀아가는지 알기 위해서라도 부장을 해야겠구나 생각하는 계기가 되기도 했고.

그리고 연구부장이 되어서 협의회 진행을 할 때 소소하게 겪은 즐거움이 있다면 이거야. 작년에는 교직원 회의 때 먹을 게 있으면 좀 더 분위기가 좋을 것 같아서 간단한 간식 주문을 많이 했어. 조금 노력해서 미리 간식을 준비했을 때 선생님들의 미소로 회의 분위기가 부드러워지면 덩달아 기분이 좋더라구. 물론 이건 개인 의견이야. 분명 누군가의 노동이 들어가는 일이니까. 그래도 난 나도 먹을 거라 실무사님과 함께 즐겁게 준비했어. (음, 실무사님 생각을 물어봐야 할 것 같긴 해.)

그리고 좀 어려웠던 점은 교과협의회 구성이었는데 교과 선생님이 1명밖에 없는 1인 교과의 경우가 문제였어. 어차피 교내에서 1인 교과는 혼자서 협의회를 할 수는 없기 때문에 2인 이상 묶게 되는데 첫 해는 잘 모르고 남는 교과를 묶었던 것 같아. 그때 누군가가 물어보지도 않고 구성하느냐는 원망 섞인 말을 해서 올해는 개인별로 전부 물어보고 구성했지. 이런 일을 겪으면서 본의 아니게 소수에게 갑질처럼 느껴지는 운영을 하고 있진 않나 돌아보게도 돼. 부장이 아닐 때는 전혀 생각해보지 못했던 부분이야.

그리고 무엇보다 부장협의회에서 학교 행사 진행시 부서 간 협조를 구할 일이 있을 때 부서별로 업무를 배분하고 조율하는 게 어렵지. 워낙 일이 많은 우리 부서 입장에서 '더 이상은 맡을 수 없다!'를 강하게 피력하는 데에 큰 에너지가 든단다, 하하. 깡이 필요한데 쉽지가 않아.

어쨌든 협의회 구성과 함께 지출할 협의회를 안내하고, 언제까지 협의회를 진행해 달라는 알림 쪽지를 담당자에게 보내고 나면 그 때부터는 진정한 협의회의 시작. 맞아, 협의회 장소와 식사 메뉴를 정해야 하는 시간이 오지. 어우, 난 왜 어떤 자리여도 총무가 되는 걸까? 일이 따라오는 관상인가. 많은 사람의 입맛을 고려해야 하는 메뉴 결정이 어렵기도 하지만, 배정된 협의회비의 동전 100원 단위까지 맞췄을 때는 쓸데없이 짜릿함도 느껴. 근데 또 그렇게 열심히 주문한 음식을 누가 조금만 남겨도 신경이 쓰이고… 가끔은 협의회 내용보다 그 밖의 부수적인 것들이 더 중요하게 느껴지기도 해.

이제 연말이라 참으로 굵직굵직한 협의회들이 남아 있어. 한 해를 마무리하면서 학교 계획이 얼마나 잘 실행되었는지 평가하고, 또 내년을 계획하는 중요한 협의회들이지. 우리 학교에서는 그걸 토론이 있는 전체 교직원 회의에서 최종 협의하는데, 이제 이 회의가 끝나면 연구부로서는 한 해의 큰 행사가 끝나는 거라 한숨 돌리게 될 것 같아.

협의회가 모두에게 이상적으로 잘 이루어지는 일은 모든 고양이가 수영을 좋아하게 되는 것만큼 어렵겠지만, 그래도 그걸 잘 진행해보려 애쓰다보면 소소한 문제들은 조금 덜 일어날 것이라 믿어봐야지. 사실 협의회 자리는 핑계를 대고 도망가고 싶다가도, 몹쓸 책임감 때문에 매번 참여하고, 또 그러다보면 어느샌가 최대한 집중하고 있는 나를 발견해. 그리고 있잖아? 협의회 자리는 싫어도 맛있는 걸 먹다 보면 또 기분이 나아지기도 한다? 그래서 총무든 아니든 함께 식사나 간식 메뉴를 정할 때 진심으로 공을 들이는 편이야, 호호.

싫은 협의회 대처법으로 너에게도 맛있고 새로운 메뉴를 열정적으로 찾아보는 이 방법을 추천할게. 그거 먹기 위해서 참석한다는 마음으로.

2021년 11월 20일

구지랑도 맛있는 거 먹고 싶은 철수

덧. '하기 싫은 걸 하는 게 삶이야.'라는 말 입 밖으로 한 번 소리 내어 말해 봤어. 나도 써먹어야지. 구지 네 어록 좀 어디다 적어놔야겠어.

구지's Letter
여전히 어려운 보호자와의 대화

친애하는 철수샘.

안녕한 나날 보내고 계신가요? 저는 여전히 잠 못 드는 밤을 보내고 있습니다. 누워도 꼬리를 무는 생각이 끊이지 않고, 눈꺼풀은 무거운데 잠은 달아나 버리는 이상한 밤을 매일 겪고 있어요. 날이 밝아오면 또 지나치게 말똥해지는 이 시간을 어쩌면 좋을까요? 잠들지 못하더라도 누워있으려 했는데, 그마저도 어렵게 느껴져 새벽에 일어나 학급 문집을 편집했습니다. 금요일에 인쇄소에 맡기는 것이 목표!

오후에는 아차산과 용마산에 다녀왔어요. 수능 감독비에 돈을 조금 더 보태어 인생 첫 등산화를 샀습니다. 그걸 개시하기 위해! 초보자도 쉽게 오를 수 있는 산이라는 말에 용기를 냈는데, 여기도 수월하진 않던걸요? 등산을 마친 노곤한 몸으로 저녁을 먹고 컴퓨터 앞에 앉아 있습니다. 나른한 기운으로 몽롱하게 편지를 써 보려 합니다.

학급 문집을 편집하면서, 보호자가 학생에게 보낸 편지들을 다시 읽어보았습니다. 어떤 마음으로 편지를 쓰셨을지 상상이 가능한 애정이 묻어나요. '보호자'란 명칭이 입에 익지는 않았지만, 의식적으로 사용하려 노력하고 있습니다. 애쓰지 않으면 여전히 '학부모'가 더 익숙하긴 해요.

교생 실습 나갔던 학교에서 종례 때 가정 통신문을 나눠주고 다음 날 보호자 사인을 받아 제출하라는 안내를 했던 날이 아직도 기억나요. 정말 아무 생각이 없었어요. "오늘 받은 가정 통신문을 집에 가서 엄마 드리고, 내일 잘 챙겨 오세요."라 말했는데, 담당 선생님께서 말씀해주시기 전까지 제가 무얼 잘못했는지 몰랐습니다. 학생들이 모두 동일한 가족 구성원과 생활하는 게 아닌데, 교생 구지는 거기까지는 생각이 미치지도 못했던 거예요. 저의 실수를 차분하게 알려준 담당 선생님 덕에 저는 '엄마께 드려.'가 왜 잘못되었는지 알게 되었어요. 그리고 이제는 '학부모' 대신 '보호자'라 말하려고 노력합니다. 유사한 예로 '유모차'가 아닌 '유아차'로의 명칭 변경을 이끄는 행동에 공감하고 있거든요. 학생의 보호자가 어머니나 아버지로 국한되지 않는다는 걸, 교사가 어떤 어휘를 사용하느냐에 따라 학생들의 일상 어휘도 바뀔 거라 믿어봅니다.

코로나로 원격수업이 일상화된 요즘, 학교에서의 많은 일이 달라졌습니다. 보호자와 연락할 일이 많아진 점도 새로운 변화입니다. 학생에게 문제가 생겼을 때, 학기마다 한 번씩 돌아오는 상담 주간 외에는 연락할 일이 많지는 않았거든요. 원격수업을 시작한 후로는 수시로 연락을 하게 되었습니다. 학생의 출결이 늦어질 때, 학생과의 연락이 이루어지지 않으면 보호자에게 전화합니다. 학생의 건강 상태 혹은 인터넷 접속 오류 등을 확인하고 문제가 없을 시에는 수업에 참여하도록 부탁드리는 전화가 일상이 되었어요. 우스갯소리로 코로나 이후 학교는 콜센터가 되었다고 말할 정도로 보호자께 자주 전화를 하고 있어요. 그래서일까요? 보호자와의 대화가 예전만큼 부담스럽지는 않네요.

처음 담임을 맡고 보호자와 상담을 하던 날이 기억나요. 너무 긴장해서 옆자리 선생님께 머릿속 생각을 여과 없이 늘어놓았어요. "어떻게 하죠? 뭘 물어보실까요? 전 뭐라고 하면 되나요? 나 아무것도 모르는데!"의 무한 반복이었습니다. 보호자가 자녀의 학교생활을 궁금해하고 관심을 가지는 건 당연한 일인데도 피하고 싶은 마음이 컸거든요. 제가 잘 들어주기만 해도 괜찮을 거라던 동료 선생님 말씀이 위로가 되긴 했지만, 실전 경험이 없던 저는 상담이 끝날 때까지 잔뜩 긴장한 상태였더랬죠. 그날 보호자는 우리 아이가 어떤 담임 선생님과 1년을 생활하게 될지 궁금해서 오셨던 거였고, 제게 잘 부탁드린다는 내용의 말만 반복하다 가셨어요. 제가 느낀 긴장도에 비하면 허무하게 느껴질 정도의 상담이었어요.

상담 기간만 지나면 보호자와의 소통은 끝인 줄 알았습니다. 그러나 학교는 보호자의 도움이 필요한 일이 많더라고요. 예전보다 줄었다고 하지만 급식 식자재 검수, 시험 부감독, 소규모 테마 여행 등을 위한 답사 장소를 함께 돌아보는 일 등. 교사의 일이 학생과의 소통에만 국한되지 않는다는 걸, 학교에서 일하기 전에는 미처 몰랐어요. 학교는 학생과 교사만 있으면 된다고 단순하게 생각했었나 봐요. 조금만 들여다보면, 학생의 성장은 학교만의 일일 수 없고, 보호자만의 영역도 아닌데 말예요. 코로나로 인해 보호자와 연락하는 일의 진입 장벽이 낮아진 건 분명하지만 여전히 긴장하고 신경 쓰는 제가 있습니다.

다행이라면, 여태 보호자와의 소통 불화로 곤경에 놓인 일은 없습니다. 하지만 다른 선생님들이 겪는 곤란한 장면을 보고 있으면, 생각이 많아져요. 내가 저 일의 당사자라면 어땠을지, 나는 저 선생님만큼 당당하게 내가 원하는 바를 이야기할 수 있을지, 기간제 교사라는 나의 위치 때문에 방어적이고 소극적인 자세를 취하게 되지는 않을지 하는 생각이요. 일어나지 않은 일에 대한 걱정만큼 불필요한 게 어딨겠어요. 알면서도 종종 그런 생각을 합니다. 제 직업이 약점처럼 느껴질 때가 있거든요. 아무도 제게 말한 적은 없지만, 저는 '정교사가 아니니까', '기간제라 뭘 모르니까'라는 말로 보호나 정당한 요구에서 밀려나게 된 기간제 선생님들을 본 적이 있거든요. 그래서 그런 것 같아요. 교사와 관련한 기사가 떴을 때, 친하게 지내던 선생님들도 무심결에 '그래서 정교사래?'라는 질문을 할 때면, 저도 모르게 말을 아끼게 돼요.

혼낸 사람이 없는데 저는 혼난 기분이 들고, 제가 하지 않은 실수인데도 당사자에 저를 대입하고 스스로를 검열합니다. 가끔 보호자를 대할 때도 혹여나 제가 기간제 교사인 걸 알고 이런 질문을 하시나? 싶을 때도 있어요. 저는 학교에서 대부분 열심히, 즐겁게 일하지만 제가 진짜가 아닌 가짜처럼 느껴질 때, 그럴 때 교사를 연기하는 배우가 된 것 같은 기분입니다. 그런 기분이 저를 해치지 않도록 보호하는 일은 제가 저를 살피고 위로하며 보듬는 수밖에 없어요.

편지의 방향이 처음과는 많이 달라졌네요. 교사이면서 두 아이의 보호자이기도 한 철수샘은 보호자에 대해 할 얘기가 저와는 다르겠죠. 우리는 같고도 다른 점이 많으니까요.

숙면하는 밤 보내시기를….

2021년 11월 28일
밤이 긴 구지 드림

철수's Letter
학부모, 아니 보호자와 함께

구지, 안녕?

오늘은 아버지 칠순을 축하하러 동생네 집으로 가는 고속도로 위에서 편지를 써. 화창했던 날씨가 시시각각 변하는 모습을 창으로 보며, 이렇게 자연을 바라본 지도 오래됐구나 생각도 하고, 온 가족 신청곡을 받아 신나게 따라 부르기도 하고, 서로의 신청곡을 통해 세대 차이를 좁혀보기도 하며 열심히 달리고 있다. 그나저나 등산이라니, 구지야. 건강한 취미가 생긴 걸 축하하지만 나에게 같이 가자는 말은 안 할 거지?

음, 그동안 우리가 '학부모'란 용어에 대해 고민하지 않았구나. 우리가 쓰는 일상적인 말에 미처 의도하지 못한 차별이 담겨 있지는 않은지 생각해봐야 하는데, 나도 학교도 여전히 제자리인 듯해. 가정통신문 첫 문장을 으레 '학부모님께'라고 시작하고, '학부모총회'나 '학부모 상담 주간', '학부모위원'이란 말이 너무 광범위하게 쓰이고 있으니까 말야. 학교에서 오랫동안 근무하다보니 나 역시 관성에 젖어 있었나봐. 이 글에서만이라도 '학부모' 대신 '보호자'라는 말을 사용해볼게.

내가 보호자가 되면서, 그러니까 아이를 낳고 기르면서 크게 달라진 것은 담임이 되었을 때의 마음가짐이야. 학생들과 잘 지내야겠다는 마음과 함께 학생의 보호자와도 1년을 같이 잘 꾸려가야겠다는 생각을 동시에 하게 됐어. 아이를 낳고서야 비로소 애들은 결코 나 혼자 지도할 수 있는 게 아니라는 사실을 몸으로 느꼈달까. 그래서 중학생이지만 일부러 학생에게 안내하는 내용을 보호자에게도 다른 창구로 똑같이 안내했고, 우리 반이 어떻게 지내고 있는지 자주 글이나 사진으로 보여드렸어. 같이 관심을 갖고 함께 1년을 꾸려나가자는 생각이 컸고 실제로도 많이 의지했어. 청소년이 되면서 부모 혹은 보호자가 자녀와 멀어지지 않도록, 오히려 같이 학교 생활을 하는 기분이 들도록 애를 썼지.

그래서 매년 만드는 학급 문집에도 보호자의 글을 반드시 넣어야겠다고 생각했고, 이걸 위해 보호자가 아이의 학교 생활에 관심을 가지고 또 많이 알게 되도록 친절하게 판을 깔아둔 것이기도 해. 잘 알아야, 할 말도 생기지 않겠어? 그렇게 보호자와 함께 아이들을 지도하다 보니 아이들의 문제행동이 많이 교정되었고, 보호자에게 지지도 많이 받았어. 학생들이 힘들어 할수록 더 보호자와 함께 가자고 생각했지. 학교와 가정이 힘을 합쳐서 아이를 키워나가자, 우리 같이 해 나가자, 이런 마음으로 말야.

또 달라진 점은 첫째 아이가 어린이집을 갈 때쯤 스스로 보호자를 대하는 태도도 변화했다는 생각이 들었어. 보호자를 대할 때 여유가 좀 생겼다고나 할까, 이해력이 높아졌다고나 할까? 수다력도 좀 늘었다고 할 수 있고. 아무래도 같은 부모라는 동질감이 상담이나 전화 통화를 시작할 때 자신감을 준 거 같아. 속으로 '뜻대로 아이 키우기 참 힘들죠, 저도 잘 알아요. 그래도 우리 같이 아이를 바른 방향으로 잘 키워봐요.' 뭐, 우습지만 이런 생각을 바탕에 깔고 자연스럽게 대화를 이어갔던 거 같아.

반면에 내가 자녀를 키우기 때문에 오히려 일부 보호자를 이해 못한 적도 있었어. 아니, 보호자라면 내 아이가 소중하듯 남의 아이 소중한 지도 잘 알텐데 왜 이렇게 달라? 아니, 아이가 혼자 알아서 잘 크지 않는다는 걸 누구보다 잘 알텐데 왜 아이가 변화할 시간을 기다려주지 않지? 하는 '교사'의 시선이 좀 들어가서…. 그러니까 교사가 부모가 되었다고 해서 교사와 학생의 보호자는 서로 친밀하게 가까워지는 사이도 아닌 듯해. 물론 한 발짝 다가가는 건 있지만.

그리고 가끔 젊은 비혼 교사에게 '선생님은 애를 안 키워봐서 모른다'라고 말하는 일부 보호자들의 시선은 정말 위험하다고 생각해. 키워보았기 때문에 더 한계가 있는 경우도 있거든. 실제로 난 구지 너에 비하면 학생들에게 관심을 제대로 주지 못해. 육아를 하고 있는 내 상황이 벅차기도 하고, 가끔은 아이들을 조금 안다는 이유로 번드르르한 말로 상담 시간을 때울 때도 있어. 지금 생각해보니 나 혼자 아이들을 감당하지 못하기 때문에 보호자와 함께 가야겠단 생각을 한 걸 수도 있겠어.

아, 그러고 보니 부모가 된 후 딜레마도 있어. 근무하다 듣게 되는, 교무실에 목소리가 쩌렁쩌렁 울려퍼지도록 강렬하게 민원을 제기하는 보호자가 되지는 말자 하면서도, 내가 교사 학부모라서 참을 수 없는 문제를 만나면 아이 학교 측에 강력하게 항의하고 싶은 마음이 든달까. 내부자로서 고민이지, 뭐. 아직… 한 적은 없어.

그래도 내 속으로 낳은 자식이 있다는 게 어쩔 때는 강한 방패가 되어서 보호자들로부터 각종 민원이 사전 차단되기도 하는 듯. 이건 특권이란 생각을 해. 선생님은 자녀가 있으니까 당연히 잘 아시겠지 하면서 믿는 부분도 분명히 있다는 생각. 하지만 민원이 없다는 것은 그만큼 보호자에게는 내가 쉽게 말하기 어려운 상대가 되어간다는 이야기이기도 하지. 그래서 어느 순간 나보다 훨씬 나이가 어린 보호자만 만나게 된다면(이미 지금도 그렇지만) 나는 어쩌면 더더욱 소통이 어려워지진 않을까 두렵기도 하단다. 학생들과도 멀어지고, 더불어 그 보호자와도 불통이 될까봐. 그래서 지금도 아이돌 음악이랑 쇼미더머니 음악을 찾아 들어.(응?) 어쨌든 지금은! 만렙 직전의 상태라고 볼 수 있지.

보호자 이야길 하니 첫 교직 생활부터 다양한 경험들이 스쳐간다. 결혼 전에 나에게 '아이를 키운 경험이 없어서 융통성이 없다'며 훈계를 한 보호자가 있었어. 또 나를 너무 의지해서 일년 내내 시도때도 없이 아이 문제로 장문의 문자를 보내거나 전화를 하셔서 일상 생활이 힘들 때도 있었지. 그리고 학기 초에는 나에게 정말 잘해주셨는데 학생 일로 사이가 틀어져서, 결국 얼굴을 붉히게 된 보호자도 있었네. 교사와 보호자는 영원히 한 편일 수는 없다는 씁쓸함을 남겼던 기억.

좋았던 시간도 많았는데 어째 떠오르는 건 불쾌한 일들뿐일꼬. 아이의 미래 문제가 얽히면 아무리 좋았던 관계여도, 잘잘못이 분명해도, 끝이 안 좋게 맺음되기도 하는 거겠지. 이것도 모든 사람과 좋은 관계를 맺을 필요는 없다고 생각해야지, 뭐.

그래도 지금은 그런 기억들이 많이 흐려졌어. 보호자와 함께 한 좋았던 시간들도 많이 쌓여서 그런가 봐. 분명한 건 보호자와 함께 꾸려갔던 한 해 한 해가 나와 학생들에게 훨씬 더 좋았어. 엄마아빠께 수업 시간에 자기가 뭘 했는지 이야기 좀 그만 해달라, 쉬는 시간 사진 좀 그만 보여달라 하면서도 내심 좋아했던 학생들의 표정이 지금도 기억날 만큼.

오늘도 말이 길었네. 네가 이 주제를 내게 떠넘겨서 그렇다고 변명해 볼게. 이제 동생네에 거의 도착했어. 이번 주는 참 일이 많았는데 그래도 가족들 볼 생각하니 좋아. 엄마한테 내 보호자로서 기억에 남는 일이 있는지 한번 물어봐야겠다. 분명 신나서 대답하실 듯. 이러니저러니 해도 학부모 시절의 얘기는 재밌을 거야. 그때가 엄마한테도 아이가 전부인 시절이었을 테니까.

오늘도 산에 갔니? 널 잠 못 들게 하는 생각들은 여전히 꼬리를 물고 찾아오니? 오늘은 숙면을 취하길 바라며 내 잠기운을 뚝 떼어 너에게 보낸다. 학급 문집 편집은 거의 다 했겠구나. 완성품을 내게 꼭 보내줄 거라 기대할게.

2021년 12월 4일
곧 사춘기 자녀의 보호자가 될 철수

빨파보노
무지개

구지's Letter
12월이 주는 안정과 불안

친애하는 철수샘.

뒤척이는 밤을 보낸 후, 느지막이 일어나 하루를 시작하고 있습니다. 어제 친한 선생님이 오늘 아침으로 먹으라고 제게 샌드위치를 사주었어요. 역시 그 선생님이 선물한 접시 위에 곱게 샌드위치를 올려두고, 부산에 사는 친구가 보내준 원두를 갈아 커피를 내렸습니다. 따뜻한 커피와 두툼한 샌드위치로 시작하는 아침. 주변이 양상추와 소스로 엉망이 되었지만 조금 즐거운 마음이 들었어요. 내 삶은 이런 소소하고 따뜻한 관심들로 채워져 있고, 나는 그걸 잘 누릴 수 있는 사람이구나. 나는 괜찮다, 즐겁다, 충분하다.

어느덧 찬바람이 불어오네요. 코트와 머플러를 사랑하는 저는 이 계절을 사랑하면서 미워합니다. 좋아하는 옷을 마음껏 꺼내 입을 수 있어 행복하면서도, 올해가 끝나간다는 것은 정든 아이들과의 이별을 뜻하기도 하고, 새 일자리를 구해야 하는 시간과도 맞닿아있거든요. 스산한 날씨 속에서도 제가 좋아하는 것이 많이 있어 견딜 수 있습니다. 일단 제 생일이 있구요. (넘치는 자기애가 있답니다.) 롱 코트를 골라 입는 즐거움이 있어요. (올 겨울에는 더는 안 살 거라고 다짐을 했었거든요…? 뭐, 그렇다구요…) 그리고 코트에 맞춰 좋아하는 머플러를 매칭하며 행복해합니다. 머플러만 해도 한결 따뜻해지는 체온도 사랑하고, 머플러가 주는 포근함은 외투만 벗어도 서늘한 학교의 실내 생활을 버틸 수 있게 하거든요. 그리고 고사나 교과서 진도, 해야만 하는 일들을 끝내놓고 아이들과 한 해를 마무리하며 좀 수다스럽게 일상을 공유할 수 있는 시간도 너무 좋아요.

아이들과 함께 보내는 1년 동안 좋기도 했지만 서로 날이 선 채 보낸 시간도 당연히 있었습니다. 그 시간을 모두 지나온 지금은 서로의 존재가 익숙하게 느껴지고, 시시콜콜한 이야기에 같이 웃고 동시에 찡그려요. 이때만 느낄 수 있는 포근함이 있습니다. 한 해 동안 정든 선생님들과의 티 타임도 학기 초와는 다른 안정감이 있어 좋아요. 편안하게 까불거나 속내를 터놓아도 안전한 기분, 그 속에서 마음껏 편안함을 느낄 수 있는 건 일정 시간을 잘 보낸 후 받는 선물 같거든요.

연말을 핑계 삼아 친구들과의 약속을 잡았다가 취소하기도 했고, 장소를 화상 플랫폼으로 옮기기도 했어요. 코로나가 다시 기승인 지금, 학생들의 전면 등교가 결정된 후로는 매주 코로나 검사를 받고 있습니다. 어제까지 잘 나오던 학생들이 같은 반에 확진자가 나와 자가격리가 되는 일이 일상이라니, 상상치 못한 세상을 매일 새롭게 겪어내고 있네요. 암튼 친구들과 연말에 인터넷으로든 실제로든 얼굴을 마주하고 이야기 나누는 일은 즐겁고 좋아요. 서로의 일상을 잘 꾸려 나가다 만나 고생했다 말하지 않아도, 큰 의미 없는 말들을 주고받는 동안에 나도 모르게 받게 되는 위로와 편안함이 있어요. 그 시간이 저를 또 힘내게 하죠.

이 시기의 수업은, 졸업을 앞둔 3학년들을 어르고 달래는 게 가장 큰 일이에요. 본격 수업에 들어가기 전에 온통 소진되어 버리는 나날이 반복되고 있지만, 포기하지 않고 또 무언가를 준비해보았습니다. 의미 있는 시간을 보내게 해주고 싶으면서도 학생들의 적극적 참여를 이끌 자신이 없어 우리 반 학생들에게 시범적으로 해본 수업이 있었습니다. 그런데 예상외로 결과가 좋아 자신감을 얻었어요.

교사로 일하면서 학교는 소음 공해가 심한 곳임을 알게 되었습니다. 쉬는 시간이나 하교 시간에는 어디에서나 비속어가 들려옵니다. 교무실에서 업무를 하고 있어도 복도에서 운동장에서 들리는 육두문자의 향연… 듣다 보면 친구의 마음에 상처를 내려는 의도보다는, 아이들끼리의 찰진 표현 또는 감탄, 강조로 사용하는 경우가 더 많은 것 같기는 해요. 그렇지만 다른 표현으로 바꾸어 쓰면 좋겠다고 생각하는 저는 학교에서 '예쁜 말'이란 어휘를 자주 사용합니다. 학생들이 간혹 선생님이 미는 유행어가 '예쁜 말'이냐는 말을 할 정도예요. 어디선가 비속어가 들리면, '예쁜 말!'이라고 외치는 제가 있어요. 제가 '예쁜 말!'을 말할 때 옆에서 '바르고 고운 말을 사용하자!'라고 함께 외치는 학생도 생겼을 정도랍니다.

예쁜 말의 영향인지, 아이들이 자신의 언어 습관을 돌아보게 하는 수업을 진행하고 싶었어요. 함께 읽기 좋을 기사문을 발췌하고, 관련 동영상을 찾았습니다. 그 후 학생들이 짧은 글을 쓸 수 있도록 활동지를 만들었어요. 기사문부터 읽히면 거부감이 있을 것 같아, 영상을 먼저 틀었습니다. 배경 음악이 깔리고 인터뷰하는 사람들의 모습으로 학생들의 시선을 붙들었어요. 웃다 조금씩 진지해지는 학생들의 표정을 살피며 발췌한 기사문을 함께 읽었어요.

이 수업을 준비한 이유를 알려준 후, 활동지에 제시한 방법에 따라 글을 작성할 시간을 주었습니다. 수업이 끝나고 학생들의 글을 읽으니 절로 미소가 지어지더라고요. 그렇지만 이 활동이 학생들의 언어 습관을 마법처럼 당장 바꾸게 하지는 않겠지요. 그저 어느 날 문득 '이 비속어가 누군가에게 상처를 줄 수 있는 말이라고 했지?'라는 생각이 스치고, 자제하게 되는 시간이 올 수 있기를 바랐습니다.

물론 모든 반에서 이 수업이 성공한 건 아닙니다. 재밌는 영상에 익숙한 학생들은 제가 튼 영상에는 관심을 보이지 않았고 저들끼리 놀고 싶으니 시간을 달라고도 했어요. 그렇지만 준비한 수업을 진행하고야 말겠다는 마음으로, 분위기를 조성했어요. 네, 잔소리를 했습니다. 학교 왔는데 놀다가 갈 거냐, 이런 말들로 겨우 화면에 학생들의 눈을 붙들어는 놨는데, 지루해하는 학생들의 표정을 보니 의기소침해지더라고요. 무언가를 열심히 준비하면 또 그에 비례하게 기대하는 마음이 커져서 학생들의 반응에 실망하는 제가 있어요. 내려놓으면 편해지는 지점이 있다는 걸 아는데도 양보할 수 없는 것들이 있어요.

학생들은 오히려 어떤 면에서 솔직해요. 좋은 건 좋고 싫은 건 싫고 행복과 슬픔을 고스란히 보여주죠. 수업의 성공과 실패도 눈에 선명히 드러날 때가 많아요. 나름 애쓴 수업인데 모두가 잘 따라주지는 않고, 수업을 위해 교실 문을 여는 순간, 딱 느낌이 올 때도 있어요. '아, 오늘 수업은 쉽지 않겠구나.' 그럴 때 준비한 수업을 그대로 밀고 나가면 모두가 더 힘들어지는데, 유연한 대처력이 부족한 저는 힘들어하면서도 꾸역꾸역 수업을 합니다.

확진자 발생으로 인해 갑자기 원격 수업으로 전환되었을 때는, 후배들에게 주는 '국어 수업 설명서' 작성 시간을 가졌어요. 1년 동안 느꼈던 수업 팁, 선생님은 무얼 제일 못 참는지, 국어 수업을 잘 듣는 방법, 같은 내용을 제시하고 쓰게 했어요. 취합된 결과에 웃음이 터졌습니다. 저는 학생들이 자는 걸 참지 못하고 필기를 많이 하게 하는 선생님이더라고요. 수업만 잘 듣고 학습지만 잘 챙기면 국어 수업 재밌고 따로 공부 안 해도 된다는 안내는 칭찬이라 캡처도 해놓았어요. 겪어본 국어 선생님 중 젤 재미있고 괜찮으니까 안심하고 수업을 들으라는 당부도 귀여웠어요. 전 계속 좋은 말을 듣고 싶은 모양이에요. 애들도 제 의도를 알고 쓰는 건가 싶을 정도로 능청스럽게 좋은 말들을 써주네요. 뻔한 장면에도 눈물이 나는 건 자동 반사 같은 걸까요? 학생들이 쓸 글을 보며, 저를 울리려는 지점에서 울고 웃기려는 부분에서 웃고 있는 제가 있네요.

12월 수업에서 무언가를 해내고야 말겠다는 큰 목적은 내려놓은 채, 매번 애들을 달래고 애들은 또 저를 달래며 한 걸음씩 나아가고 있습니다. 이 학교는 1월 4일이 종업식이자 졸업입니다. 내 예쁜 우리 반과 우리 3학년들과 작별할 시간이 휴일을 제외하면 겨우 17일 남았어요. 생각보다 더 빨리 지나가 버리겠죠? 그렇지만 또 그 시간이 짧지만은 않게 느꺼질 것 같아요.

  이제 저는 아이들과 잘 작별하고 싶은 뭉클함과 내년에는 어느 학교로 가게 될지 알 수 없어 둥둥 뜨는 마음이 뒤엉킨 몇 주를 보내겠네요. 철수샘은 어떠한 마음으로 12월을 보내실지 궁금해요.

  철수샘 감기 조심하세요.

2021년 12월 11일
12월을 잘 보내고 싶은 구지 드림

철수's Letter
말하기를 배우기

구지, 안녕?

김장을 열심히 하고 돌아온 일요일 저녁… 아니 밤이야. 너에게 늦은 편지를 약속하고, 그 사이 여유가 없지는 않았건만 집에 와서 이것저것 정리를 하다 보니 시간이 벌써 이리 되었어. 깜깜한 밤에 너에게 편지를 쓰고 있자니 전업 작가라도 된 기분이네?

이 계절을 사랑하면서도 미워한다 그랬지. 너에 비해 나는 겨울을 좋아하지 않아. 굳이 좋아하거나 감흥 있는 계절이 없긴 한데 그냥 추운 게 딱 싫어. 차라리 여름이 나아. 손발이 시려운 걸 못 참겠어. 뱃속이 차가운 것도 별로야. 여름에도 뜨거운 아메리카노를 자주 마시는 건 그런 이유일 거야. 게다가 겨울에는 옷을 여러 겹 입어서 움직임이 불편한 것도 별로고. 그런데 내가 얼마 전에 내 손으로 벽 트리 장식을 사서 손수 꾸미질 않았겠니. 추운 건 싫지만 12월의 크리스마스

분위기는 좋아. 아이들이 즐거워하는 모습을 보고 싶어서 노력하게 된 것도 있지만.

가슴이 몽글몽글해지는 트리 불빛을 보면서 12월의 수업을 돌아본다. 물론 수업은 몽글몽글하지 못했지. 기말고사 이후에도 교과서로 수업하겠다고 학생들에게 큰소리쳤던 과거의 나를 후회하고 있어. 2학기 기말고사 이후에는 몇몇 교과 수업 시간을 빌려 진행하는 여러 가지 체험 프로그램이 있잖아. 중학교에서 고등학교로 전환하는 시기에 운영하는 거라서 전환기 프로그램이라고 하지. 그 프로그램과 내 교과 수업 시간이 겹쳐서 어쩔 수 없이 수업을 안 해도 되는 행운(?)은 왜 오지 않는 건지 투덜대며, 생각보다 열심히 수업을 준비하고 있어.

3학년 이 시기가 내게는, 왜 학교 나오는지 모르겠다며 아우성치는 아이들과 힘겨운 말싸움을 해야 하는 시기이기도 하고, 그러고 싶지 않았는데 어쩌다보니 아이들의 일탈을 잡아내기도 하는 시기야. 학기 내내 잘 지내던 녀석들도 심심한지 자꾸 뭔 짓을 벌이곤 해. 보고 싶지 않은데 보게 되고, 그러다 보니 지도하게 되고. 지난 주에는 교실 안에서 라이터로 종이를 태워서 쓰레기통에 버린 학생을 발견해서 지도했어. 지도를 하고 나면 담임선생님께 인수 인계를 해야 하는데 사안이 크다 보니, 안 그래도 학기 말이라 바쁜 학년부에 본의 아니게 더 일을 드리게 됐지. 사실, 그 녀석이 잘못했지만 괜히 담임 선생님들께 미안한 마음이 드는 건 어쩔 수가 없네. 아, 중3 학기 말은 왜 이렇게 긴 거니. 고3은 더할까?

기말고사가 끝나고 말하기 수업을 진행했어. 말하기로 구술평가를 하고 싶었는데 하지 못한 아쉬움도 있고, 아이들에게도 실용적으로 도움이 되지 않을까 싶어서 '청중을 고려하며 자신 있게 말하기'를 목표로 구상했지. 교과서 내용으로 청중의 관심, 흥미 등을 고려해 말할 내용을 선정하고, 말하는 동안에도 청중의 반응에 따라 말할 내용을 조정하고, 말하기 불안에는 어떤 게 있는지 알아보고, 그 불안을 극복하는 나름의 방법을 찾게 했어. 그리고 실제 말하기에서는 언어적 측면보다 비언어적 측면이 더 중요하게 작용한다는 점을 고려해, 비언어적인 면에도 집중했지. 녹음한 목소리가 평소 듣는 내 목소리와 다르게 들리는 이유를 함께 다루고, 듣기 좋고 울림 있는 목소리를 내는 발성 연습도 해보았어.(평소 듣는 내 목소리는 내 뼈를 울리는 진동이 포함되기 때문에 실제보다 낮게 들려서 더 좋게 느껴진대!)

흥미를 유발하기 위해 원래 말이 없었다던 『대통령의 글쓰기』책으로 유명한 강원국 작가의 강연 영상도 같이 보았어. 또 김하나의 『말하기를 말하기』란 책에서 청중 앞에서 말할 때 힘을 빼야 한다고 강조한 부분도 같이 읽어봤고. 청중 앞에서 말하기와 관련된 전문가들의 영상이나 글을 같이 살펴보면서 아이들이 자신에게 잘 맞는 방법을 익히기를 바랐어.

 수업을 30분 정도 하고 남은 시간은 아이들에게 신청곡을 받아 뮤직비디오를 틀어주있단다. 노래 가사와 멜로디도 중요하지만 그 노래를 전하는 가수의 목소리, 성량, 음색, 춤 등 외적인 면도 노래의 전달에 중요한 영향을 미친다는 사실을 다시 한 번 전달하면서. 그리고 말하기 수업 대단원의 막은 영화 '킹스 스피치'로 내렸어. 이 영화는 말하기 불안이 있는데 직업이 왕족이라 어쩔 수 없이 연설을 해야 하는 주인공이, 좋은 스승을 만나 조금씩 극복하고 멋진 연설을 하게 된다는 내용인데, 아이들은 멋진 연설까지 가는 과정을 참… 지루해했지. 공부하기 싫어하는 아이들을 붙잡고 뮤직비디오와 영화로 어르고 달래가며 이렇게 말하기 수업을 끝냈네. 전환기 수업은 쉽지 않구나.

 내일부터는 불행인지 다행인지 급격히 나빠진 코로나 상황에 다시 3학년이 원격 수업을 하게 됐어. 집에 보내 달라고 하던 아이들과 일단 말싸움은 안 하게 되어서 다행이야. 무엇보다 학기 말이 담임에게도 바쁜 시기이지만, 연구부는 정말 일 폭탄 그 자체거든. 죽음의 학기말이 무사히 지나가길 기도해 본다.

구지에게도 12월, 1월이 예쁜 아이들 잘 보내는 시간이 되기를. 우선 그것만 생각하기를. 일요일 자정 가까운 시간에 맞춰 겨우 편지를 보내. 잘 자.

2021년 12월 19일
아직 한창 일하는 중인 철수

덧. 구지야 구지야
　언어 습관 활동지를 내놓아라.
　내어놓지 않으면
　구워서 먹으리.
　- 고대가요 '구지가'를 패러디하여 시를 한 수 써 보았어.

구지's Letter
연말은 생활기록부와 함께

친애하는 철수샘.

크리스마스 연휴네요. 흘리하게 보내려고 했는데 이번 학교에서 친해진 박 선생님과 저희 집에서 영화 보고 와인 마시면서 놀았어요. 그러고 보니 오랜만에 술을 마셨어요. 지난 연애에서 연인과 저는 시간이 참 안 맞았어요. 서로의 안부를 확인할 수 있는 시간은 밤의 통화뿐이었죠. 그 시간을 확보하려다 보니 저녁 약속도 혼술도 안 했더라고요. 그러다보니 살도 좀 빠졌는데, 약속도 술도 없는 저녁을 보낸 제 속을 알 리 없는 사람들은 '예쁘다'는 말을 자주 건네네요. 그 덕에 내실 없이 자존감만 높아지는 연말을 보내고 있습니다.

예쁘다는 말을 들으면 기분이 좋아지는 제가 싫어요. 자존감이 높아지는 듯한 느낌도요. 외모 평가받는 건 너무 싫고 "예쁘다, 살 많이 빠졌다"는 말은 과거에는 예쁘지 않았다는 말처럼 들리기도 하거든요. 이 사회가 요구하는 미적 기준에 따라 누군가 나를 계속 평가하고 있는 것처럼 느껴지기도 해요. 그렇지만 또 그 말을 칭찬으로 사용하는 사람들에게 모나게 굴고 싶지 않거든요. 저도 제일 손쉬운 칭찬이 외모 칭찬이니까요. 그렇지만 요즘의 저는 외모를 칭찬하는 말에 유들유들한 억양으로 "저는 쭉 예뻤는데요", "저는 외모 외에도 예쁜 점이 많아요."라고 받아치는 일이 조금은 능숙해져 가고 있습니다.

그러나 소개팅 상대들과 헤어지기만 하면 쏟아지는 문자와 카톡에는 거만해지고 있어요. 저는 제가 마음이 없는 사람들에게 더 매력적인 캐릭터인 모양이에요. 암튼, 사람 마음은 간사하고 날씨는 뒤숭숭하고 영화 '라라랜드'는 다시 봐도 눈물 나고 새해 운세 타로에서는 이전 사람과 잘 된다는 연애운에 뒤숭숭한 크리스마스였어요.

차가운 연말입니다. 실제 기온도 마음의 온도도 서늘하네요. 그 와중에도 정신을 놓을 수 없는 건 생활기록부 기록, 점검, 마감이 몰아치듯 다가오고 있기 때문이겠죠. 생활기록부 점검은 학교마다 너무나 다른 방식이라, 저는 매번 새롭게 입력하는 기분이에요. 작년에 배운 내용이 올해는 적용되지 않기도 하고, 이전 학교에서 중요하게 생각하던 지점이 이번 학교는 너무나 유연하게 넘어가 버리기도 해요. 그러다 보니 알고 있던 지식은 다 내려놓고 늘 새롭게 입력값을 받아 넣게 됩니다.

생기부의 중요 요소인 '과목별 세부능력 및 특기사항'을 쓰는 건 이제 조금 익숙해졌지만, 여전히 담임 반 학생들 한 명 한 명에게 씌아 하는 '행동 특성 및 종합 의견'을 쓰는 일은 어려워요. 쓸 말이 많다고 생각했던 학생에게도 정제된 언어로는 어떻게 표현해야 할지를 고민하게 되고요, 조용하고 무난하여 나를 힘들게 만들지 않았던 고운 아이에게는 지극하게도 무난하고 평범한 문구밖에 떠오르지 않아요. 이때가 제일 미안하고 힘든 것 같아요. 일 년 동안 이 아이 덕에 편하게 학급을 꾸릴 수 있었으면서, 정작 마음은 덜 기울인 건 아닐까, 반성하게 됩니다. 보채고 떼쓰는 곳에 눈길 한 번 더 가는 일이 당연하다 싶으면서도 당연해서 싫어지는 마음.

올해는 철수샘의 도움 덕분에 처음으로 학급 문집을 완성했어요. 철수샘네 문집 양식을 모방해가며 완성했습니다. 철수샘이 가장 신경을 많이 쓴다던 '선생님의 편지' 부분도 철수샘의 양식을 빌려 썼어요. 전에 우리 반 학생들이 제 생일을 축하해 준 후, 뭐든지 해주고 싶어 하는 제게 응원의 편지 304줄(3학년 4반이라서요.)을 써 달라고 부탁한 적이 있거든요. 어처구니가 없다고 생각하면서도 어쩐지 해주고 싶었고, 문집에 304줄 편지를 써 보려고 노력했습니다. 결국 쓰다 보니 (세어 보진 않았지만) 304줄이 넘은 것 같아요. 문집을 받아든 학생들이 "진짜로 쓰셨어요?"라며 놀라다가도 웃고 또 좋아하는 모습을 보니, 행복하더라고요. 쓸 때도 좋았다가 힘들었다가 그만두고 싶었다가 그럴 수는 없다고 다시 힘을 냈다가를 반복했는데, 아이들이 웃어주니까 되려 선물 받는 마음이었어요. 그렇게 쓴 편지가 있어서일까요? 이번에 생기부를 쓸 때 조금 도움이 되기도 했습니다. 편지에서 술술 풀어 쓴 한 사람 한 사람에 대한 마음을 또 정제된 용어로 정리하는 건 또 다른 어려움이 있긴 했지만요.

그나저나... 인생은 뭘까요? 힘든데 좋고 기쁜데 슬프니까 다 끝나버려라 싶다가도 소소한 순간 덕에 미래를 꿈꾸게 돼요. 이런 매일이 반복되는 게 기운 빠지다가도 또 기운을 차리게 합니다.

2022년, 1월 첫 주면 처음으로 제 반 아이들을 제 손으로 졸업을 시키게 됩니다. 울 것 같은데 우는 모습을 보여주는 건 좀 부끄러워요. 저, 잘 참을 수 있겠죠? 저는 생각보다 애들 앞에서 눈물을 잘 참더라고요. 요즘 마음이 말랑말랑해서 누가 누르기만 해도 우는데, 애들 앞에서는 안 그래요. 꾹 하고 잘 참는 저는, 어른인가 봐요.

학생들에게 기우는 마음을 누군가는 사랑이라고 하고 누군가는 연민이라고 하는데, 연민을 사랑으로 착각하지 말라는 말도 들었거든요. 그런데 저는 다 사랑 같아요. 애잔하고 마음을 불편하게 해서 눈길이 한 번 더 가고, 행복하길 바라고, 웃었으면 좋겠고 기왕이면 좋은 방향으로 나아갔으면 하는 마음이 다 사랑이 아니면 뭐에요.

올해 저는 저에 대해 많이 생각하게 된 한 해였어요. 철수 샘, 저는 사랑이 많은 사람입니다. 그래서 사람 때문에 울어도 다시 사람을 사랑하고 그런 힘을 가진 저를 사랑해요. 이걸 놓으면 관계 속에서 더 편해진다고들 하는데, 그렇게 내가 사랑하는 나를 놓으면서 편해지는 건 진짜 편해지는 게 맞나, 싶어요. 아직 이 문제에 대한 깔끔한 해답을 찾지는 못했지만 지금의 마음은 그냥 저 자체를 사랑할래요.

네, 저는 사랑이 많은 사람입니다. 그런데 마음껏 사랑을 표현할 때면 늘 눈치를 봤었거든요. 학생들에게 사랑을 줄 때도 그랬어요. 이젠 그 눈치를 안 보려고요. 그리고 또 다음 단계로 나아갈래요.

크리스마스에 박 선생님과 함께 본 신년 운세 타로에서 좋은 메시지가 나왔어요. 올해는 그간 열심히 살아온 보답을 받는 해로, 큰 변화 없이 애쓰지 않아도 평화롭게 풍요로울 수 있는 2022년이래요. (그래서 연애도 그 전 사람과 한다는 건가…) 그러니 올해는 큰 고생 없이, 이력서를 몇십 군데씩 안 써도 다음 학교가 정해지기를 믿으면서 방학을 맞이하려고요.

저는 요즘 유튜브로 타로점을 보는 즐거움에 빠져있어요. 헤헤. 철수샘도 한 번 보세요. 헤어나올 수가 없답니다. 철수샘, 새해 복 많이 받으세요.

2021년 12월 27일
사랑이 많은 구지

철수's Letter
업무도 자리도 재정비하는 시간

사랑이 많은 구지, 안녕?

지난번 나의 급번개에 응해주어 고마웠어. 학급 문집을 받겠다는 명목으로 간 거지만 바쁜 연말의 금요일에 카페에 앉아 누군가와 수다를 떨고 싶은 그런 욕망이 컸다네. 암튼 어쩌다 보니 타로 상담까지 해주게 되었지, 호호. 상담 내용은 맘에 들었니?

나는 비담임이다보니 아무래도 담임보다 생활기록부 업무나 부담이 확실히 덜한 것 같아. 과목별 세부능력 특기사항과 동아리 활동 정도를 정리해서 담임에게 넘기면, 나머지는 담임교사가 정리하는 것이 생기부 작성의 원칙이니까. 내 임무는 비교적 일찍 끝나지. 하지만 내겐 생기부 대신 연구부의 엄청난 일거리들이 남아있어. 구지의 연말이 생기부와 함께라면 내 연말은 연구부와 함께.

학교 선생님들은 연말에 업무 마감하느라 모두 바쁜데, 연구부는 그 바쁜 사람들을 이리저리 모이게 해야 하는, 한 마디로 바빠 죽겠는데 부른다고 욕먹는 자리를 자꾸 만들어야 하지. 거기다 부서별 보고서 작성 제출을 독촉하는 부서이기도 하고. 그걸 모아서 정리도 해야 해. '토론이 있는 교직원 회의'를 분임토의와 전체 토론으로 나눠서 진행해야 되고, 교원학습공동체 활동 결과를 나누는 '공동체 나눔의 날' 행사도 있어. 그 외에도 마무리해야 할 서류는 얼마나 많게. 학교평가 설문 결과를 정리한 학교평가서 작성 후 교육청 보고, 각 부서별 활동 평가서도 수합해서 내부결재를 해야 하지. 거기에다가 각종 공모사업 예산들도 부서별로 모두 확실히 집행했는지, 예산 편성이 되어 있고 집행도 했는데 잔액이 남아있지 않은지 일일이 확인해서 알려드리는 일까지. 온통 마무리, 마무리, 마무리하는 날들이야.

또 내년도 예산 요구서를 작성해야 하는데, 용도에 맞게 분류하고 올해 부족했던 부분이나 넘쳤던 부분을 보완해 얼마씩 배정할 것인지 정하는 것도 몹시 머리 아픈 일이야. 그리고 교무부와 함께 내년도 2월에 있을 신학기 준비 기간 일정을 미리 계획하고 준비해놔야 하지. 그런 일정은 주로 교무부가 짜고 연구부는 그 기간에 진행할 연수 일정들을 살피는데, 나보다 훨씬 더 바쁜 교무부장님을 보고 있으면 절로 존경심이 우러나온단다.

참, 우리 학교는 12월에 본교무실 리모델링이 결정됐어. 낡은 교무실 구조를 바꾸는 건 찬성이지만, 리모델링을 기획할 TF는 교사가 참여해야 하니(하던 것만 해도 바쁜 이 시기에!) 달갑지 않더라고. 결국 교무부장님이 리모델링 TF 팀장을 하셔야 해서 같은 교무실 쓰는 의리로 나도 참여했는데, 이게 몇 번씩 만나야 하는 것은 물론, 파티션 색깔 하나 정하는 것도 굉장히 노력과 시간이 들어가는 일이더라고. 그래서 일할 시간이나 여유가 더 부족하게 느껴졌어.

아, 공사 들어가기 전에 자기 자리 짐도 미리 싸야 해서 요즘 해묵은 창고 자료까지 다 정리하는 중이야. 그래도 우리 부서의 훌륭한 기획 선생님과 실무사님 덕분에 이 모든 일을 하나씩 클리어 할 수 있었네. 돌아보면 좋은 사람들 덕분에 복 받은 한 해였어. 그래서 종업식과 졸업식이 있는 다음 주는 아주 조금 여유로울 것 같아. 이번엔 가르치는 모든 반의 마지막 수업을 준비하는 허세도 부려보았지. 항상 허덕였는데 올해는 잘 마무리할 수 있겠어.

2022년이 밝았네. 나는 여전히 이 학교에서 2021년과 같은 업무를 하고 같은 학년을 가르치게 되었어. 항상은 아니지만 부장이라면 비교적 빨리 다음 해 업무가 정해지는 편이라, 한 해를 시작할 때 조금은 안정적인데, 구지 너는 어쩌면 마음이 여러 모로 힘들었을 지도 모르는 12월이었겠다. 그래도 지난 만남에서 어쩐지 좋은 소식이 있을 것 같다고 들어서 다행이야. 내년에도 같은 학년 교재 연구하면 좋겠어!

  우리 집 애들은 방학을 나보다 더 빨리 했고, 학원들까지 방학이어서 거의 지난 주는 녀석들에게 꿈과 환상의 주간이었지 뭐야. 진정 부모 간섭 없이 자유롭게 크고 있는 우리집 녀석들. 방학하면 아이들과 시간을 더 보내야겠어. 밤이 더 깊어지기 전에 너에게 편지를 보낼 수 있겠구나. 내일 읽어도 좋겠어. 잘 자.

2022년 1월 2일
여기도 저기도 정리 중인 철수

덧. 2022년이다! 새해 복 많이 받자!

구지's Letter
계속 받고 싶은 소중한 내 월급

친애하는 철수샘.

어느덧 2022년의 1월도 차근차근 한 걸음씩 나아가고 있네요. 달력의 숫자가 넘어가는 걸 보고 있으려니 괜스레 마음이 무거워집니다. 나도 얼른 저 속도에 맞춰 걸어야 하는데, 저는 미련이 많아 과거에 머물고 싶나봐요. 조바심이 나요. 저는 걱정도 사랑만큼 많은 사람이라 이제는 어느 정도 내려놓고 앞으로 가도 되겠지, 싶다가도 걸음을 멈추고 계속 뒤를 돌아보게 됩니다. 새해니까 새롭게 시작하고 싶은데, 이런 속도면 저의 새해는 음력으로 시작하게 될 것만 같아요. 그렇지만 이제는 미련을 놓고 앞으로 걸어가 보려고요.

제가 보낸 최근의 편지는, 휘몰아치는 내면 속 냉탕과 온탕의 반복처럼 느껴지네요. 다 받아주는 철수샘이 편해 제 마음을 풀어놓게 되는 모양이에요. 편지를 쓰는 지금도 제 속은 제 것 같지 않아요. 어렵고 복잡합니다. 시간은 흘러가는데 마음속 생채기에 아직 딱지가 앉지 못한 것 같아요. 인간에게도 겨울잠을 잘 수 있는 기간이 주어지면 좋겠어요. 모두가 다 같이 한 템포 쉬어가는 시간. 나만 머물러 있는 것 같아서 아픈 마음을 돌보는 시간이 낭비처럼 느껴지지 않도록 말예요.

낭비할 수 없는 건 마음을 돌보는 시간에만 국한되는 이야기는 아닙니다. 소박한 제 월급 또한 낭비할 수 없어요. 얼마 전, 저보다 6~7년 정도 경력이 더 있는 선생님들과 차를 마시며 이야기 나눈 일이 있었어요. 월급 이야기가 나오게 됐는데, 그분과 저의 앞자리가 같더라고요? 세상에! 월급은 대체 언제 오르는 거죠? 오르더라도 그렇게 더디게 오르는 건가요? 월급도 과거에 미련이 있나요? 그래서 앞으로 쭉쭉 못 나아가는 걸까요?

그렇지만 그 소박한 월급이 저를 살아가게 합니다. 매달 들어오는 일정한 범위 내의 숫자로 공과금을 내고, 대출 이자를 갚고, 끼니를 해결하며, 꿈을 꾸기도 해요. 그림 그리기 강좌를 등록한다거나 코로나 이후의 여행을 꿈꾸며 여행 적금을 들고 소소히 불어나는 금액을 확인하는 일은 숨 돌릴 틈을 만들어 주는 선물이에요.

월급으로 할 수 있는 일은 생각보다 많지만, 실제의 쓰임은 한정적입니다. 하나를 소비하면 하나를 내려놓아야 하는 것이 삶이겠죠. 이달은 제주도 여행을 준비하고 겨울 등산을 준비하며 소비를 했기에, 다른 소비를 줄여나가고 있습니다. 일상은 조금 허덕일지언정 제주 여행 이후는 제 삶의 색이 좀 더 다채로워져 있겠지요?

자본주의 사회의 구성원으로 살아가는 이상 돈의 힘을 무시할 수 없어요. 계획을 세우는 일, 그래서 다음을 기대하는 일도 모두 돈의 힘으로 가능해집니다. 돈이 부족한 것과 없는 것은 아주 다르고, 부족함의 정도도 숫자의 크기에 따라 실제의 생활이 천차만별로 갈라지는 것 같아요. 다음 학교로의 연결이 불확실한 겨울이 늘 조금은 조마조마하고 초조했었는데, 다달이 들어오는 금액이 통장에 찍히지 않을 수 있다는 불안 때문이겠죠. 그 숫자가 저의 일상을 하늘 끝까지 끌어올리지는 못해도 땅굴을 파게 하지는 않으니까요.

2017년, 마음을 써주는 사람들이 있었음에도 일자리를 구하지 못해 일 년을 쉬며 공부한 해가 있습니다. 철수샘도 기억하시나요? 그때, 실업 급여는 겨우 받을 수 있었으나 생필품과 관리비, 대출금, 교통비 등 생계유지를 위한 최소한의 일정 수입이 없다는 점이 저를 엄청 불안에 떨게 했습니다. 그래서 한 달에 들어가는 최소한의 생활비를 계산해 열두 달을 곱해 돈을 묶어두고, 휴지와 생수, 생리대 등 필요할 때 없으면 스스로를 동정하게 될 생필품을 미리 구입해 집에 쌓아두었어요. 그즈음 집을 방문한 지인들은 저의 불안이 실체화된 모습을 보고 저를 위로하다 돌아가곤 했어요.

그런 불안이 사실 매년 반복됐는데, 올해는 조금 마음이 편안합니다. 제가 올해 운세를 타로로 본 이야기 했던가요? 열심히 살아서 올해는 이제 보상을 받는다고. 그게 막 엄청난 부귀영화로의 보상은 아니지만 예전의 것을 쭉 누리게 되는, 그런 보상이라고.

올해는 그런 한 해가 될 거라 믿고 나면 마음이 조금 여유로워집니다. 겨울이면 늘 부유하는 먼지 같은 기분을 느꼈는데, 올해는 어쩐지 조금 안정적이라고 해야 할까요. 하고 싶었던 일을 해봐야지, 하는 새 결심도 하게 돼요. 들어오던 월급이 다음 달에는 끊어질 수도 있다는 불안감이 아니라, 계속 들어올 거라는 안정감. 이 느낌 철수샘도 공감하실까요?

철수샘의 월급도 저랑 아주 큰 차이는 없을 거라 생각하면 조금 슬프긴 한데, 그렇지만 월급에 대한 철수샘의 절실함은 저와는 다를 것 같아, 시샘이 나기도 하네요. 그 이야기를 잔뜩 들려주세요. 아무도 만나고 싶지 않은데 혼자 있기는 싫은 요즘입니다. 철수샘, 우린 다음 주에 만나요.

2022년 1월 8일
겨울잠을 자고 싶은 구지 드림

철수's Letter
고정된 월급이 주는 안정감

구지, 안녕?

오늘은 결혼식을 다녀와서 편지를 써. 축의금을 준비하면서 얘와 나 사이에 이 정도는 준비해야지 하다가, 내가 직접 가는데 너무 많이 넣었나 싶다가, 가서 밥 먹을 건데 밥값 이상은 더 줘야겠지, 하며 오락가락 하던 마음을 정하고 봉투에 이름을 썼어. 이런 게 다 월급 생활자의 치사한 고민이면서도 월급을 받으니까 가능한 고민이겠지. 오랜만에 본 그 친구는 무척 아름다웠고, 밥을 먼저 먹기보다 단체 사진에 얼굴을 박으며 어쩐지 지인으로서 의무를 다했다는 생각을 했어.

구지의 지난 편지를 읽으며 생각이 많았네. 월급, 이토록 현실적인 주제라니. 사실 열심히 재테크를 하는 구지에 비하면 나는 참으로 투자나 저축에 대한 개념이 없이 살아왔는데, 방학을 하면 미친 듯이 소비를 하는 행태가 그런 나를 잘 보여주지. 예전에 너에게 말했나 모르겠는데 난 경제 관념이 참

오래도록 자리 잡히지 않았어. 특히 요즘도 예쁘지만 그닥 필요없는 것들 좋아하는 거 잘 알지? 하지만 쓸모없는 것들이 우릴 구할 거라고 믿고 있지…. 아무튼 이 무책임한 경제 관념이 지금보다 결혼할 때 특히 심각했는데, 내가 서른 살쯤 결혼했거든. 근데 그때 내 수중에 모아놓은 돈이, 당시 살고 있던 원룸 집 보증금밖에 없었어, 하하. 정말 버는 족족 써대기만 하고 미래에 대해 별생각이 없었지. 결혼 초에는 돈 관리 방법에 대한 무지함 때문에 남편이랑 많이 싸우기도 했어. 그러다 육아휴직 기간에 돈을 못 벌게 되니까 그제서야 돈의 소중함을 제대로 느꼈지.

한참 바짝 정신을 차렸을 때는 돈과 관련된 책을 여러 권 탐독하며 경제 공부를 할 때도 있었어. 부동산 테크 강자 Y 언니가 추천했던 김승호의 『돈의 속성』을 열심히 읽고, 돈을 인격체로 대해보라는 그 분의 말씀을 철썩같이 믿고 따랐던 적도 있지. 그 책은 내게 완전 새로운 돈의 세계를 알려주는 입문서였던 거 같아. 그리고 최근에 마음을 흔든 책으로는 김얀의 『오늘부터 돈독하게』가 있어. 글을 써서 먹고 살고 싶은 작가가 처음엔 직장을 그만두고 글만 썼는데 도저히 생계 유지가 안 되는 거지. 그러다 고정 수입이 중요하단 걸 깨닫고 직장을 다시 구하고 글도 꾸준히 쓰면서, 연소득 금액을 월소득 금액으로 바꿔간 이야기를 하는데… 문과생에게 엄청 설득

적이야. 그 외에도 수많은 재테크 책을 살피고 잠깐 동안 반짝 소극적 수입(잠을 자는 동안에도 들어오는 소득이라 할 수 있지. 파이프라인이라고도 함)이니, 임팩트 투자(ESG투자의 적극적인 형태로 환경석, 사회적 기업을 고려하고 투자자의 가치관을 반영하는 투자)니 열심히 검색해보고 살았던 적도 있어. 음… 길게 유지되진 않았지만.

지금은 어찌어찌 대출은 끼어있으나 내 집이 있고, 잔액이 적으나 마이너스 통장은 아니고, 그나마 과소비하는 품목이 낑해야 책이나 저렴한 옷들, 그리고 식비 정도라 적당히 저축하며 그럭저럭 사는 듯해. 날씨가 추워지면 매주 회 한 접시와 함께 술을 마시고, 계절 바뀌면 원하는 옷을 저렴하게 사고, 매달 사고 싶은 책을 다 사면서 산다는 소리야.

어찌 보면 이게 다 안정된 월급이 주는 호사가 맞아. 매달 주는 월급이 아니었으면 나는 긴장된 상태로 아끼면서 살거나, 가진 돈을 불릴 방법을 찾는 쪽에 좀 더 일찍 몰두했을지도 몰라. 안정된 월급이 있었기에 좀더 느긋해질 수 있었고, 결혼을 해서 가족의 고정 수입이 두 배 이상 늘었지. 그 착실한 수입을 저당 잡혀 대출을 많이 받아 집을 마련할 수 있었고.

경력 15년 이상이 되었을 즈음부터는 급여도 확실히 눈에 보일 만큼 늘어서, 대출을 어서 갚아야겠다거나 투자를 늘려야겠다는 현실적인 생각보다는 더 소비하면서 여전히 이렇게 건성건성 살고 있네. '이렇게 노후 대비 없이 살면 안 될 것 같은데…' 하고 걱정하는 시늉만 하고 있지. 그래서 글을 쓰다 보니 약간 부끄럽다. 소중한 내 월급을 너무 무심하게 대하는 거 같아서. 무심하게 대하면 돈이 떠난다는데. 그리고 너에겐 이런 내 모습이 얄미울 것도 같아…?

예전엔 돈 자체를 무시했고, 돈보다 소중한 게 더 많다는 식으로 좀 우습게 여기는 태도를 고수했는데, 지금은 적어도 돈을 불리기 위한 '투자' 행위를 무시하지 않게 됐어. 언젠가부터 우리가 돈을 필요로 하는 이유가 '시간' 때문이라는 생각이 들더라고. 내가 원하는 일을 원하는 때에 지속적으로 하며 살 수 있는 '시간'을 위해서. 그러려면 내가 일하지 않을 때도 돈이 들어오고, 그러니까 월급 외에도 버는 돈이 있고, 그것만으로 생활이 가능해야 하는데 그러려면 '투자'를 해야 되는 거…겠지? 그런데 그 '투자'라는 게 왜 이렇게 어렵니.

그래, 답은 알고 있어. 너랑 나랑은 돈에 대한 기본 태도가 다르잖아. 전체 수입을 고려하고 욕구를 조절해서 계획적인 소비를 하는 구지에 비해 나는 일단 지르고 수습하는 스타일이지. 명절상여금이 들어오면 너는 주식을 사고 나는 피부과를 가고…. 내가 네 남편이나 아내가 아니라 친한 선배라서 정말 다행이지 않니? 그래도 오늘은 다시 금융 관련 서적을 뒤적여 볼까 싶군.

 벌써 새해 1월도 중반이 넘어간다. 우리가 편지를 나눈 지도 어느새 1년 가까이 되었어. 중간에 포기하거나 멈추지 않고 꾸준히 잘 써왔다는 게 놀랍다. 근데 이 편지가 정말 마지막인가? 우리 다음 주말부터는 뭐하지? 뭔가 또 도모해야 할 것 같아. 히히.

2022년 1월 15일
오늘도 광어, 우럭, 돔까지 거하게 한 접시 먹은 철수

구지's Letter
우리의 졸업을 응원하며

친애하는 철수샘.

안녕하세요, 철수샘. 오랜만에 편지를 쓰네요. 졸업식보다는 새 학기가 더 가까운 2월의 마지막 금요일입니다. 평일 오전의 나른한 여유도 얼마 남지 않았다고 생각하니 조급한 마음이 듭니다. 더 놀고 쉬고 먹고 즐겨야 했는데! 하지만 돌아보면 즐거운 방학이었습니다. 잘 보냈어요. 아쉬움도 크게 남지 않을 정도로요. 기간제 교사 생활에 뛰어든 후, 처음으로 구직 활동에서 자유로운 한 해였거든요. 작년에 근무했던 곳에서 연이어 근무하게 됐습니다. 이 과정에서도 몇 차례 가슴 떨림이 있긴 했으나 구직 활동에 뛰어드는 일에 비하면 너무나도 순탄했어요.

방학 중 아버지께서 쓰러지시는 일로 몸과 마음의 힘이 동나기도 했지만, 그마저도 올해 구직 활동을 하지 않아도 되는 해라 다행이라고 생각할 수 있었어요. 기간제 원서를 쓰면서 아버지의 병환까지 겹쳤다면 저는 지금 이 글을 느긋한 마음으로 쓰지 못했을 수도. 물론 지금은 아버지께서 퇴원하셨고 건강하게 회복 중이십니다. 철수샘이 진심으로 걱정해주신 덕분이에요. 감사합니다.

기간제 생활을 이제 꽤 했다고 생각하지만, 작년에서야 처음으로 3학년 담임을 맡게 되었습니다. 고입 원서도 쓰고 추천서도 가장 많이 써 본 한 해네요. 3학년 담임이 하는 여러 업무 중 가장 기억에 남는 건, 학생들의 졸업식을 준비하는 과정입니다. 학생들에게도 단 한 번뿐인 중학교 졸업이겠지만 저에게도 의미가 컸어요. 제가 졸업시키는 첫 담임 반 학생들이니까요. 제가 가르친 학생들이 졸업하는 모습은 종종 봤지만, 제가 일 년 동안 함께 울고 웃었던 담임 반 학생들이 졸업하는 건 또 의미가 다르더라고요.

코로나19로 인해 학생들의 등교도 들쑥날쑥하고 졸업식을 원격으로 하는지, 등교로 하는지도 정할 수 없었고, 누구도 확답을 줄 수 없는 시기이지만 저는 학생들을 직접 졸업시키고 싶었어요. 제 졸업도 아닌데, 꼭 눈 마주치고 고생했다 어깨라도 토닥여 주고 싶었어요. 안전과 건강에 우선할 수 없는 제 욕심이라는 걸 아는데도 꼭 대면 졸업식을 하고 싶어 하나씩 물건을 샀습니다. 졸업을 축하한다는 메시지가 적힌 풍선을 사고, 졸업식 가운을 입은 곰돌이 풍선, 앞으로 행복을

비는 현수막도 준비했습니다. 그러나 다른 선생님들이 불편해 할까 봐 졸업식 전날까지 꺼내지도 못했어요. 유난이라는 말을 들을까, 두려웠어요.

학생들에게 잘해주고 싶을 때, 누가 뭐라고 할 것 같아 주눅 드는 제가 있어요. 아무래도 여태의 경험들이 저를 그렇게 만든 것 같지만, 다행인 건 저는 하고 싶은 걸 해요. 눈치 보며 숨어서 몰래 몰래 준비하긴 해도, 안 하지는 않아요. "뭘 저렇게까지 해, 다른 선생님들 민망하게."라는 말 때문에 제가 좋아하는 학생들에게 제 사랑을 숨기고 싶진 않거든요. 그 선생님들만 모르면 되는 거니까…! 몰래 몰래…!

졸업식은 대면으로 결정이 났어요. 학부모님들은 교문 안으로 들어올 수 없지만, 학생들은 교실에서 함께 졸업하는 거로요! 신나는 것도 잠시, 담임 교사가 해야 하는 일은 생각보다 많았습니다. 졸업장 케이스를 접어 졸업장을 한 장 한 장 넣는 일도 담임 교사의 일인 걸 이번에 처음 알았어요. (생각해보면 그걸 누가 해줄 수 있었을까 싶기도 해요.) 학생들이 받아 가야 하는 기념품과 상품권 등을 챙기고 서명을 받아야 했고, 대표 수상자는 시간 맞춰 시청각실로 보내야 했습니다. 애틋하게 학생들 이름 하나하나 불러주고, 한 해를 돌아보는 시간은커녕 해내야 하는 일들을 완료하면 졸업식은 끝날 것 같았어요. 그래도 나는 준비한 것들을 해야겠다, 싶어 졸업식 전날 교실을 깨끗하게 청소했습니다. 그리고 준비한 물품들로 칠판을 꾸몄어요. 우리 반만의 포토존을 만들고 싶었거든요. 꾸며놓고 났더니 뿌듯하고 뭉클한 거예요. 학생들이 보고 기뻐하길 바라면서도 그 모습을 곁에서 바라볼 수 있는 시간이 이제 정말 마지막이라 울컥하는 기분. 절대 안 울어야지, 결심하며 졸업식 날을 맞았습니다.

한동안 원격으로만 보다, 오랜만에 얼굴 보는 우리 반 학생들이 귀엽고 예쁘다가도 '풍선 터뜨리고 싶어요!'라는 말에 정색하게 되는 제가 있더라고요. 역시, 상상은 핑크빛이고 현실은 무지갯빛이었어요. '빨주노초'로 예측 가능한 무지개 말고, '빨파보노'처럼 순서 없이 뒤엉키는 무지갯빛이요.

우리 반 포토존에서 학생들을 한 명씩 불러 저와 사진을 찍었고, 친한 무리끼리, 또 전체가 모여 사진을 찍었어요. 그리고 졸업식이 시작되어 학생들 한 명 한 명에게 졸업장을 건넸습니다. 즐겁고 유쾌하게 잘했는데, 끝 번호로 갈수록 마음이 물렁해지는 거예요. 세 명을 남겨 놓고 울컥, 목이 잠겼습니다. 졸업식 장면을 처음부터 끝까지 찍어준 학생이 있었는데, 졸업장을 받던 학생도 당황해서 얼굴이 빨개지는 걸 보니 미안하더라고요. 결국 어찌어찌 울지는 않고 잘 넘어갔는데, 조금 민망하긴 했어요.

학생들의 졸업식이 끝나고 교실에 홀로 남아 포토존을 정리하면서, 저도 2021년을 졸업하는 기분이 들었어요. 밝고 예뻤던, 그래서 내 체력을 계속 의심하게 만들던 우리 반, 덕분에 요가도 하고 등산도 하게 했던 우리 반, 학생들은 고등학생으로 성장하여 날아갔고, 나는 2021년보다 조금은 더 건강해진 마음과 몸으로 겨울을 지나게 되었구나. 우리는 서로를 어떠한 면으로든 조금은 변화하게 했구나. 시간의 힘은 그런 거구나. 좋다.

시간은 작든 크든 흔적을 남기는 것 같아요. 철수샘과 편지를 주고받는 동안 우리에게 편지 꾸러미가 남은 것도 2021년이 저희에게 남긴 선물이겠죠. 그 시간을 건너오는 동안, 제게 어떤 일이 있었는지, 당시의 제 기분과 마음은 어땠는지를 철수샘과 나눌 수 있어 좋았어요. 학교의 어떠한 부분을 바라보는 저의 마음과 철수샘의 마음이 다를 수 있다는 것도 흥미로웠고요. 그리고 우리 모두 학교라는 일터에서 일 외의 것에도 마음 쓰고 살아가고 있다는 공통점을 발견하는 시간이기도 했죠.

꽤 긴 시간, 꾸준히 편지를 쓸 수 있었던 건 우리가 함께여서 가능했어요. 혼자였다면, 읽어주는 사람이 없었다면, 답장이 없는 일이었다면 글을 쓰는 일도 쉽게 그만뒀을지도 모르겠다, 싶어요.

철수샘, 우리 앞으로도 즐겁고 아프고 슬프고 기쁜 일을 함께 나눌 수 있기를 바라며, 오늘 편지는 여기에서 마무리하겠습니다. 우리, 건강하고 단단해집시다.

2022년 2월 25일
이 편지가 마지막이지 않기를 바라는 구지 드림

철수's Letter
새로 달리려면 멈춰야 하니까

구지, 안녕?

3월이 코앞이야. 새학기를 준비하는 일들이 쏟아지는 가운데 네게 마지막 답장을 한다. 지난 주에 안방 붙박이장 가구가 들어오기로 했는데 사고가 생겨서 3월 1일에 마무리를 하게 됐어. 덕분에 집은 난장판이고, 정리하지 못한 집과 정리하지 못한 업무들에 신경이 곤두서 있어. 내일은 신규 선생님들 연수를 따로 하러 출근해야 하고, 내가 있는 교무실 리모델링이 지난 금요일에야 끝나서, 가서 짐 정리도 해야 해. (여기도 정리, 저기도 정리, 정리를 좋아하는 편이지만 어후, 너무 고되다.) 그렇다고 새학기 업무 준비를 마친 것도 아니고, 수업 평가 계획도 아직 마무리 전인 데다, 독서 모임에서 작업하는 추천 도서 목록 작업도 아직 진행 중이어서 여러모로 골치가 아파. 이 와중에 너와 나눈 편지를 한번 책으로 내보자는 큰 마음을 도대체 어찌 먹었는지. 독립출판을 하려고 보니 정말 새로운 것 투성이인데 나중에 나무한테 미안해지지 않을까 하는 걱정까지 마음이 널뛰는 중이야.

졸업식이 처음이었을 구지가 얼마 전에 보내준 졸업식 포토존 사진이 생각나네. 졸업하는 학생들을 위한 이벤트로 가득 꾸민 교실 칠판 사진 말야. 그걸 본 다른 학교 J언니가 현수막 좀 빌려 쓰고 싶다고 하자 네가 단호하게 거절했지, 하하. 빌려주고 받는 그 과정보다, 주문해서 쓰는 것이 편리함을 강조한 말이었지만 어쩐지 네가 소중하게 간직하고 싶어 한다는 마음이 느껴졌어.

만우절날 보내준, 학생들이 옆으로 누워있는 웃긴 사진, 네 생일날 학급 아이들이 화려한 고깔과 번쩍이는 안경을 씌워주며 생일파티를 해준 사진들도 떠올랐어. 남학생들이 아기자기하게 이벤트를 준비하는 게 쉽지 않은데, 구지를 정말 좋아하고 사랑하나보다 생각했지. 아마 그런 학생들을 졸업시키는 네 마음도 크게 다르지 않았을 거고. 졸업식을 진행하다 느낀 울컥함은 그 세월과 마음을 기억하는 네 몸의 자연스러운 반응이었을 거야. 구지의 선생님으로서 첫 졸업, 축하해.

난 교직 경력 동안 3학년을 자주 맡아서 꽤 많은 졸업식을 경험했는데, 최근에는 부장으로 담임을 안 하다 보니 '졸업'보다 '종업'이란 말이 더 익숙해졌어. 그렇지만 난 '종업'보다 '졸업'이 훨씬 좋거든. 왠지 '졸업'이란 단어는 끝이 매겨지는 기분이잖아. 그래서 애들을 보내면서도, 업무를 마치면서도 후련했던 것 같아. 확실히 끝나니까 새로 시작하는 기분도 나쁘지 않고. 그런데 '종업'은 잠깐 쉬었다 다시 달려야 하는 기분. 업무도 바뀌지 않고 연속으로 이어지니 늪에 빠져있는 것 같고, 새로 시작할 마음이 잘 안 생긴다. 그래도 이렇게 2월에 죽을힘을 다해야 다시 3월을 시작할 수 있겠지?

1년 동안 우리가 나눈 편지를 다시 읽으니 또 참 새롭더라. 한 해가 기록으로 남아있으니 어쩐지 뿌듯하기도 하고. 넌 내 답장이 없었다면 쉽게 그만뒀을지 모른다고 했지? 나는 네 편지에 내가 답장을 하는 입장이라 어려움 없이 꾸준히 쓸 수 있었어. 그리고 네가 내 편지의 어느 부분에서 재미있어 할까? 혹은 나의 생각 없는 말에 상처입지는 않을까? 쓰면서 여러 생각을 했어.

사실, 편지를 쓰기 전까지는 평소 너와 내가 학교에서 일하는 교사라는 점에서 차이를 크게 느끼지 못하고 있었어. 찾자면 맡은 보직의 차이 정도? 그런데 편지를 쓰면서 구지 네가 지닌 '기간제 교사'로의 불안과 걱정을 알게 되었지.

그리고 편지를 쓰면서 내 생각을 솔직하게 말하고 너와 나누는 순간들이 즐거웠어. 팍팍한 학교 일정 속에서도 편지 글감을 생각하며 보낸 시간이 많은 위로가 되었고 같은 일에도 느끼는 마음이 비슷하거나 다를 수 있다는 것도 자연스럽게 알았지. 글을 같이 쓰자는 내 제안에 네가 더 적극적으로 응해주어서 참 괜찮은 한 해를 보냈다는 것, 이게 우리의 편지에 대한 내 소회다. 일 년의 여정을 함께 해서 영광이었어. <u>ㅎㅎ.</u>

전에 같이 일한 신규 5년 차 선생님이 학교를 떠날 때, 자기 주변에는 본받을 만한 어른이 없었던 거 같다고 하는데, 그 말이 좀 아프게 들리더라. 그 친구는 한 어른 선생님께 '자기만 생각하는 요즘 젊은 사람'이란 말을 듣고, 상처를 입은 후 마음을 닫은 경험이 있었거든. 나와 친해지는 데도 시간이 많이 걸렸어. 그 말을 듣고 나서 그 친구가 의지할 수 있는 어른으로 일찍 옆에 있어주지 못했던 게 속상했단다.

나는 다른 젊은 선생님들을 대할 때 너를 자주 떠올려. 기간제든 아니든 비슷한 고민을 하고 있을 어린 친구들에게 좀 더 믿을 수 있는 어른이 되어주고 싶어. 내가 앉아있는 이 자리가 나 혼자만 노력해서 얻은 자리가 아니라, 제도의 도움을 받은 게 크다는 생각을 항상 하려고 노력해. 진심을 다하고 관계에서 실수하지 않으려 애를 쓰고, 책임이라는 걸 져보려고 굳게 결심하지. 물론 나 역시 부족한 사람이지만 주변을 돌아보는 좀 더 나은 사람이 되려고 분투하는 중이야. 너와 친밀한 관계가 되어서, 생각을 주고받는 과정에서 나는 고맙게도 좀 더 나은 사람이 되어간다. 고마워, 구지야.

아, 이제 정말 마지막인 거니. 3월 되면 실감이 나려나. 늘 했던 인사로 마무리할게. 구지 안녕!

2022년 2월 27일
이제부터 주말에 뭘 해야 할지 고민되는 철수

덧. 하려던 말이 또 있는데 어딘가 간지러워서 우리 집 초등 어린이들 말투로 마무리할게.
"넌 정말 오래 같이 알고 지내고 싶은, 존경하는 나의 반려 동무임. 인정? 인정!"

나오며
다시 우리의 '첫'을 생각하며

구지에게.

시작은 얄팍한 마음이었어. 글 잘 쓰는 구지 너와 뭐라도 꾸준히 쓰면 나도 조금은 글을 잘 쓰게 되지 않을까 이런 속내로 너에게 편지를 나눠보자 제안했지. 그리고 실은 널 좀 더 알고 싶었어. 저 친구는 어린 데도 왜 나보다 인생 경험이 많은 것 같지? 언니들 사이에서도 기죽지 않고 할 말 다 하는데 그 말의 깊이가 장난 아닌데? 내면에 도대체 뭐가 쌓여있는 거야? 쟤랑 말하는 거 너무 재밌다! 그래, 맞아. 너랑 더 가까워지고 싶었어.

편지를 쓰며 가장 변화한 건 우리 사이가 아닐까. 평소에도 톡으로 일상을 공유하긴 했지만 너와 나눈 수업 일기가, 주말 일상이, 학교 생활이, 쌓이고 쌓여 우리만의 친밀함으로 이어져 끈끈해지는 게 좋았어. 가끔은 마감이 편지를 쓰게도 했지만, 대부분은 너에게 내 일상을 소개하는 일이 너무 신나서 편지에 뭘 쓸지 생각하며 보내는 일주일이 즐거웠단다. 힘든 일이 생기면 글감이 생겼다고 좋아했을 정도로. 그러고보니 처음의 내 목표를 이뤘구나. 너와 더 가까워졌지. 음, 그리고 무엇보다 나는 너를, 내 존재를, 깊이 이해하게 되었어. 무심한 내가, 학교 안 여러 직군의 사람들을 대하는 태도도, 너와 편지를 나누면서 좀 달라졌어. 교장 선생님의 외로움도 시간강사 선생님의 고단함도 생각해보게 되었달까. 누군가에게 생각 없이 이야기하지 않으려고, 무심하지 않으려고 노력하게 되었지. 혹시 너도 좀 달라진 것이 있니?

우리 편지가 책으로 나온다니 참 좋다. 1년간 꾸준히 원고가 쌓이니까 어느 순간 독립출판을 해보자는 생각이 고개를 들었고, 여기저기 방법을 알아보았잖니. 그런데 알면 알수록 독립출판이라는 게, 너도 나도 너무 어렵고 막막했잖아. 동앗줄 잡는 심정으로 독립출판 경험이 있는 하고운 작가님에게 이것 저것 물어보다, 결국 우리 책의 편집자로 섭외하기에 이르렀지. 나도 참, 작가 양반을 편집자로 모실 생각을 하다니. 그렇지만 그때의 나 엄청 칭찬해. 섭외와 동시에 막막했던 일들이 스르르 풀렸잖아.

하 편집자님을 끌어들인 건 신의 한 수! 라는 생각도 잠시, 편집자님이 우리의 글을 너무 꼼꼼하게 봐주셔서 처음에 정말 당황했어. '아니, 이 상태로 책을 내려고 했다니 과거의 우리 너무 소름', '나무한테 평생 사죄할 뻔'이라는 카톡을 매일같이 나누며 죽을힘을 다해 퇴고를 했지. 3월 새학기와 함께 휘몰아치며 글을 수정하다 보니, 구지 너는 '불면의 밤' 부분을 퇴고하며 쏟아지는 잠에 시달리고, 나는 그동안 직접 글을 써보지도 않고 학생들을 가르쳐온, 날로 먹은 국어교사인 것만 같아 조금 괴로웠어. 그렇지만 덕분에 우리의 편지가 독자에게 더 편안하게 가 닿을 수 있다는 생각이 점점 들고 있어. 우리도 이제 작가라고 말할 수 있을까?

홍보와 수요 파악을 위해 텀블벅에 글을 올리고 반응을 기다리던 첫 며칠을 잊을 수가 없네. 목표한 펀딩 금액이 하루 만에 달성되고, 책 말고도 후원금이 차곡차곡 쌓이는 걸 보며 우리는 설레고 신기하고 놀라웠어. 우리의 기획을 이렇게 따뜻하게 바라봐주는 모습에 동서남북 방향으로 절하고 싶은 심정이었어!

이 편지가 이어진 데에는 너의 역할이 크지만, 출판까지 하게 된 데에 고마움을 전하고 싶은 사람이 많아. 특히 아무것도 모르는 우리에게 제주도 택배비 정보와 중요한 홍보 팁을 알려 주신 구지의 언니, 자신의 일인 양 텀블벅 인기 프로젝트 순위를 실시간으로 알려주던 구지의 지인들, 굿즈 디자인 재능을 아낌없이 제공해준 부산 범고래 다방 사장님, 친구들을 동원해 무한한 후원을 해준 내 남동생, 주말마다 서재에 틀어박힌 아내이자 엄마를 응원해준 나의 남편과 어린이들, 내가 사랑하는 독서모임 선생님들, 그리고 전혀 모르는 창작자를 위해 아낌없이 후원해 주신 수많은 후원자 분들⋯⋯. 잠시 깊은 감사를 담아 배꼽 인사를 드려본다.

그리고 이 분을 빼놓을 수 없지. 우리의 기획을 진심으로 응원해주며, 작가로서의 우리가 나중에 덜 부끄럽도록, 책의 처음부터 끝까지 다정하되 단호한 시선으로 살펴주고 끌어주신, 우리의 구세주 하고운 편집자님 말야. 감사와, 존경과, 서울 3대 뷔페 무기한 이용권을 꼭 전해 드려야겠어.

누군가 너와 내가 나눈 편지를 읽는 동안, 네 말대로 우리 모두는 학교 말고도 여러 일터에서 일 외에도 마음 쓰고 살아가고 있다는 공통점을 발견했으면 좋겠다. 우리가 책을 내기로 결심한 큰 이유는 직업이 같고도 달라서 겪는 기쁨과 슬픔, 불편함과 외로움을 겪느라 지쳐본 모든 이에게 이 편지가 닿아서, 웅크리고 있을지도 모르는 그에게 우정 어린 손길을 건네고 싶었기 때문이니까.

구지야, 편지로 너의 세상을 보여주고 내 세상에 귀 기울여줘서 고마워. 내가 조심스레 내민 손을 네가 덥석 잡았던 우리의 '첫'을 다시 생각하며.

철수

우리는 직업이 같고도 달라서
기간제 교사와 정교사가 나눈 1년의 편지

초판 1쇄 발행 2022년 5월 18일
초판 2쇄 발행 2022년 7월 18일

지은이 구지, 철수 | 편집자 하고운 | 발행인 최라윤
펴낸곳 지읒출판사 | 출판등록 제2022-000032호
주소 제주특별자치도 제주시 조천읍 중산간동로 853-1 1층
이메일 jieut0503@gmail.com
ISBN 979-11-978811-0-7 03800

ⓒ구지X철수, 2022

*이 책의 판권 및 저작권은 지은이와 지읒출판사에 있습니다.
책의 무단 전재 및 복제를 금합니다.